100個你一定要知道的歷史故事 I

文◎管家琪　繪圖◎蔡嘉驊

歷史故事是「人」的故事

／林良（知名兒童文學作家）

《100個你一定要知道的歷史故事》，這個書名中的「你」，是對少年讀者說的。這個書名，說明了這是一本為少年讀者編寫的歷史讀物。同時，這也是幼獅公司為紀念中華民國一百年而安排的一份獻禮——在中華民國一百年，以一百個歷史故事來敘述中華民族的歷史。

歷史是「人」創造的，所以歷史故事其實也就是「人」的故事。各式各樣的人，包括帝王將相，包括民間各行各業的傑出人才，都可能是「創造歷史的人」。因此美國兒童作家「房龍」（Van Noon, 1882-1944），他把為少年讀者所寫的一本世界史叫作《人類的故事》。

幼獅公司的這本歷史讀物，講的是中華民族的歷史，所以也可以說是一本「中華民族的故事」。故事從上古的神話時代說起，由盤古開天、女媧造人，一直說到國父革命、民國成立。必須提到的是重要人物至少有好幾百個。時間這麼長，人物這麼多，這個故事應該怎麼寫才妥當？

幼獅公司邀請兒童文學作家管家琪來思考這個問題。管家琪提出了一個構想，就是為五千年的中華民族歷史「開菜單」。也就是在五千年的歷史中，想想哪一個事件是不能不說的，哪一個人物是不能不提的。擬好了滿滿一份菜單，然後才是「讀菜單」，補充一些遺漏的，刪去一些次要的。就是這樣增增刪刪，一再斟酌，完成了一份「有一百個歷史故事」的菜單定稿，然後再根據那菜單一個故事一個故事動筆寫。她確實很用心的實現了這個構想。

管家琪擅長寫童話，對於「寫故事」有豐富的經驗。在這本書裡，因為寫的是歷史故事，所以她寫人物的時候，特別著重「歲月」跟人的關係，不時的提到人物在事件中的年齡，使人物變得更加鮮活而令人感到親切。這是她的歷史故事的特色。管家琪的文筆，流暢活潑，最能避免嚴肅的歷史讀物難以避免的枯燥乏味，因此得以順利成為最為適合少年讀者閱讀的歷史讀物。

管家琪寫的童話和少年小說，往往不自覺的流露她的幽默感。在這本歷史故事裡，她常常在敘述中穿插風趣的按語。這些按語往往使少年讀者感到有趣而開心，完全忘了正在閱讀的是一本別人會認為是乏味的歷史讀物。

這一百個故事，每個故事大約二千字左右。讀得慢的少年讀者，十分鐘裡一定可以讀完。這種「用小故事敘說大歷史」的特色，一方面是希望能跟其他的長篇歷史讀物有所區隔，一方面也是為少年讀者閱讀的方便所作的特殊安排。

希望有機會讀到這本書的少年讀者，都能因為讀了這本書而成為一個「懂歷史的少年」。

一部精采的故事歷史書

／陳正治（前台北市立教育大學中語系主任）

歷史是人類文明的結晶，也是國家、民族的根。沒有根的樹，枝葉不可能繁盛；沒有歷史的國家、民族，人民也不會有發展。唐太宗說：「以銅為鑑，可以正衣冠；以史為鑑，可以知興替；以人為鑑，可以知得失。」了解歷史，可以知道國家興亡的根源，並以為施政的參考；從歷史人物的起落和影響，可以讓我們「見賢思齊，見不賢而內自省」，有益於我們的做人處世。

中華民族有五千年歷史。對兒童來說，要了解這些浩瀚的歷史，正如所謂的「一部二十六史，不知從何說起」一樣，找不到入手的地方。如果有人以正確的史觀，精簡的取材，生動的文筆把它寫出來讓兒童閱讀，那真是造福無窮。但是做這工作，需要有膽識和功力的人。

管家琪女士就符合這條件。她是輔仁大學歷史系畢業，又當過記者，出版過近三百本書，有基本的史學和史識，更具有取材和書寫的功力。因此，由她來介紹五千年的歷史給小朋友，真是恰當的人選。

管家琪女士花了好長的時間寫了《100個你一定要知道的歷史故事》這部書。這部書由幼獅文化公司出版，共有三本。書裡以人物為主軸，從上古文明的前言介紹起，然後述説黃帝、堯、舜、禹、湯、文王、武王、周公，一直至國父孫中山先生的建國。上下五千年的歷史，就在這有趣的故事中，展現在兒童的面前。

這部書有許多特色：

● 取材精當：這部書精選了一百個小朋友最應該知道的歷史事件，從重要的歷史人物切入，按時間先後，從上古開始，寫到民國成立。小朋友在最短的時間內，可以獲得有系統、完整、全面的歷史知識。

● 內容豐富：這部書裡的內容，包含各朝代的興起和沒落，國君名臣的行事，指南針、紙張等器物的發明，科舉制度、變法的介紹，老子、孔子、王充等思想家的簡介，管仲、晏子等政治家的行宜，建安七子、田園詩人陶淵明、詩仙李白、詩聖杜甫的為人和作品特色，醫聖張仲景、書聖王羲之、畫聖顧愷之的故事，一字千金、紙上談兵、圖窮匕見、先發制人等成語典故的由來等等。內容真是豐富。

● 文筆生動有趣：管家琪女士是一位有名的兒童文學作家。她以簡潔流暢的文筆，說故事的方式，娓娓的把五千年的歷史說出來。小朋友在生動、有趣的故事中，享受文學的薰陶，獲得歷史、文化的精髓，增長了見識和智慧。

把我國歷史，用淺顯、有趣的現代文字介紹給少年、兒童閱讀，這是一項極為神聖的工作。管家琪女士這位有膽識、有功力的人，完成了這件有益、有趣、宣揚文化的著作，真令人欣慰。在此，向她致敬，也高興兒童有這麼好的書籍可以閱讀。

歷史是我們血液中的一部分

／管家琪

我一直很希望能夠編寫一套最基本的歷史常識性的書籍，特別是在當今台灣這樣的大環境之下，我很希望這套書能夠作為孩子們的一套課外補充教材。這次能夠有機會編寫這套《100個你一定要知道的歷史故事》，真的有一種一償宿願的感覺。能夠有這樣的機會，我覺得很幸運。而且，在整個讀書和寫作的過程中我經常都會覺得好過癮，因為這些歷史人物、這些歷史故事，實在是太精采了！希望小讀者們，能夠在閱讀的時候也感受到這種精采。

「100」個「菜單」都是我自己開的。重要的、有趣的、有意思的、有意義的歷史故事很多，我所列出來的都是最最基本的，有如是先打一個底子。如果能夠在這樣的基礎之上往上再加強，還有好多好多其實都是我們應該知道和應該更深入去了解的歷史故事。

人之所以愚昧，往往就是因為出於無知。我常常有一種感覺，現在我們所生活的明明是一個科學相當進步，資訊照說也應該算是相當發達的時代，可是我說真的，近年來我發現很多人（還不只是小朋友）無知的程度真的很讓人吃驚！為什麼會如此？我覺得就是因為文史方面的素養太差了，常識也太貧乏了。

從「開菜單」到實際上的編寫，我很重視「人物」和「時間」這兩個概念，而這兩個概念又會互相影響。

首先，所謂「歷史」，就是「已經發生的事」、「不可改變的事」，「歷史」這個詞在英文中叫作「History」，如果把這個字拆開來，就是「His」和「Story」兩個字，也就是「他」（當然實際上也包含「她」）和「故事」，就是「他（她）的故事」。是啊，其實每個人都有故事，我們是在什麼時代、什麼時候、什麼樣的情況下出生，隨著我們的成長，我們都會遭遇很多很多大大小小的事情，而每一個時代，都會有很多人物（不管是正面人物或反面人物），由於他（她）們的作為，不僅影響了自己的命運，甚至還左右了一個民族的命運，這麼一來，他（她）的故事，就是整個民族甚至整個人類的重要內容之一。

其次，我很重視時間。在敘述一個重要的歷史人物時，只要有「時間」的觀念，比方說，秦朝末年劉邦開始造反的時候已經四十七歲，諸葛亮出山的時候才二十六歲（真是不得了的青年才俊啊）、岳飛被害的時候才三十九歲……我很注意這些重要歷史人物在遭遇到人生重大事件的時候當時的年齡，我覺得這麼一來，這些歷史人物的感覺就會更鮮活。同時，我從上古開始一直寫到民國成立，也是按照時間敘述下來，每一個朝代維持了多久，也都會適當的提一提，我希望大家把這一百個故事從頭讀下來，就會有一種比較清楚的歷史感。

歷史絕不是死板的，歷史是我們血液中的一部分。尤其是當我們了解了過去的歷史之後，對於拓展我們的視野、加強我們對事情的判斷力，以及培養我們的人文素養都會很有幫助。

目錄

第1個

上古文明

我們常說中華民族有五千年悠久的文化（五千年！這可真是不得了的久！所以中華民族是世界四大古文明之一），不過我們要知道，這個「五千年」，有一半以上是屬於「西元」前。西元元年，在歐洲是羅馬帝國，在中國歷史上則是西漢時期。

那麼，在西漢之前呢？西漢之前是秦朝，秦朝之前是春秋戰國，春秋戰國之前是周朝，周朝之前是商朝，商朝之前是夏朝，夏朝之前就是上古時

期。上古時期的人，譬如黃帝、倉頡、大禹等等，其實都是半人半神，但至少還有考古資料能夠佐證，所以我們知道黃帝和倉頡是生活在史前二十四世紀，大禹則是史前二十一世紀。每一百年是一個世紀，你可以算算他們都是多久以前的人物了！

在這些半人半神的老祖宗之前呢？還有誰？很長一段時間，大家都相信最早最早的人類、包括這些半人半神的人物都是神創造出來的，不過，所謂的「神」當然也是出於人類的想像，那麼，又是誰把神給想像、創造出來的呢？

這就牽涉到一個問題，人——到底是怎麼來的？在英國生物學家達爾文（1809-1882）於一八五九年發表他那本石破天驚的著作《物種原始論》，提出進化論以後，我們才恍然大悟原來人類是從猴子進化而來的。想想看，達爾文是十九世紀的人，也就是說，不難想見關於人類的起源這個問題已經困擾了大家有多久！

有趣的是，看看神話時代的故事，我們會發現無論是東方或西方，大家對於最早的人，竟然都有些異曲同工的想像。

比方說，在希臘神話中，「人」是由普羅米修斯所創造出來的，他是老一代神明的後裔，挖了一點泥土（因為他知道上天的種子就隱藏在看起來毫不起眼的泥土裡），用河水加以溼潤，再一點一點按照神明的樣子慢慢捏塑（就好像我們捏陶土似的），做成了小泥人，再從各種動物的心裡取來「善」和「惡」，把它們封閉在泥人的胸膛裡（所以所謂的「人性」就是「善惡並存」的啊），最後，「智慧女神」雅典娜再把「靈魂」（就是「神明的呼吸」）吹進小泥人的心裡，小泥人到這個時候才徹底有了生命。

而在中華民族的神話傳說中，「人」最初同樣是小泥人，是女媧做出來的。女媧也是挖一點泥土，再摻一點水（所以，水真的是生命之源！），按自己的樣子做一個可愛的小東西，但又做了一點改良；傳說中女媧是蛇的身體，可能女媧覺得這樣行動起來不太方便吧，就為小泥人做了四肢。女媧做的這個小泥人比較速成，不用去找什麼「人性」，也不必朝他吹氣，只要把他一放到地上，馬上就活了起來，會到處亂跑了。

接下來，女媧又做了好多好多這樣的小泥人，不過後來或許是工作辛苦，做得太累啦，女媧又想到更方便的一招——她從山崖壁上扯下一根藤條，沾滿泥漿，然後用力一揮，泥漿一濺到地上，那些小點點竟然也都馬上就活蹦亂跳起來。（女媧這一招簡直就像是畫抽象畫似的，太厲害了！可是，是不是就是這樣，中國才會有人口爆炸的問題？而且，是不是就是因為女媧造人的方式不同，才會有的人天生聰穎，有的人又天生魯鈍，因為有的人是精雕細琢慢慢捏出來的，有的人則是粗製濫造？）

在「女媧造人」這個故事之前，還有更遠古的故事我們也應該認識。女媧是用泥土和水來做人，表示有女媧的時候已經有了大地，有了水，不難想像應該也有了天，有了高山，有了平原，有了小丘，還有黑夜、白天、白雲、風、雨、雷電……，也就是說已經有了世界，那麼，這個世界又是怎麼來的呢？

傳說，世界是一個叫作盤古的「人」所創造出來的。所以會有「盤古開天」這個說法。盤古為什麼會開天？因為最早的世界是一片渾沌，只不過是黏呼呼、黑壓壓的一片，裡面什麼也沒有，只有一個盤古，就這麼睡在裡頭，睡得很香，一睡就是一萬八千年。想像一下，如果你是睡在這樣的地方，當你睡飽了一醒過來，一定會想伸伸手、蹬蹬腿，對吧？（大概就像胎兒在媽媽的肚子裡一樣吧）盤古也是一樣，他一伸展四肢，抓到一把大板斧，很高興，心想：「太好了，我可以把這個地方改造一下！」

接著——（忘了剛才那個胎兒的比喻吧），盤古就抓著大板斧用力揮來揮去，嘩啦啦啦，那團本來黏呼呼的東西裂開了，比較輕的往上升，盤古把它叫作「天」，比較重的往下降，盤古把它叫作「地」（盤古真的很會取名字啊）。

不過，「天」和「地」畢竟是剛剛才被強迫分開，盤古擔心不知道什麼時候它們又會合在一起，於是趕快站起來，用頭頂著天，用腳踏著地。不僅如此，盤古一天一天的在長大，整個世界也隨著盤古的頂天立地而發生奇妙的變化，天每天都升高一丈，地每天也都加厚一丈，這樣又過了一萬八千年，盤古的身高已經有了九萬里，到這個時候，天和地就遠遠的分開，再也沒有合攏的可能。世界終於穩定了。

盤古還是不放心，繼續頂天立地的站著，又站了好久好久，直到終於支撐不住，他倒了下來，嚥下最後一口氣。然後，他整個人、整個身體都化作這個他親手創造出來的世界的一部分；他的左眼變成太陽，右眼變成月亮，頭髮變成星星（難怪星星是數不清的啊，如果要用手一根一根的數頭髮，誰數得清啊），肌肉是泥土，血液是江河，筋脈是道路，牙齒、骨頭是石頭和金屬……從此，這個世界就變得更加多彩多姿了。

等到女媧造人，這些小泥人就在這個多彩多姿、美妙絕倫的世界，開始上演一個又一個的故事。

第2個

黃帝的故事

西漢史學家司馬遷寫《史記》是從黃帝開始寫起。黃帝距今四千四百多年，是公認的中華民族的始祖，所以才會有「中華民族具有五千年文明史」這樣的說法（就是把4400說成一個整數）。一直到現在，每年都還會有大批旅居世界各地的華人來到陝西境內的黃帝陵來祭拜黃帝。古人認為黃帝按五行（金、木、水、火、土）是以「土」德為王，而「土」是黃色的，所以稱為「黃帝」。

在先秦時代（包括春秋戰國和秦朝），在黃河流域就已經到處都流傳著黃帝的故事，諸子百家的書籍中也記載了很多黃帝的事蹟。

在黃帝的身上，有很濃厚的神性。傳說，他的母親是在有一天晚上看到北斗七星的周圍有個大閃電，受到感應，才有了身孕，然後懷孕整整兩年才生下他。所以書上說，黃帝是出身於「雷電之神」。

大概在古人看來，雷電實在是非常的可怕（其實到現在還是很可怕），但是在畏懼之中也帶著一種敬畏，說黃帝是出身於雷電之神顯然是一種極大的讚美（在希臘神話中也只有天帝宙斯才有資格使用雷霆）。

由於母親是在一個叫作「軒轅」的土丘上生下他，所以就把他叫作「軒轅氏」。

傳說軒轅氏剛生下來幾十天就會說話（可能是還待在媽媽肚子裡的時候就開始學了），有四張臉（方便他將來照顧四方），六、七歲的時候就已經非常靈秀，長大後更是聰明異常。自從他當上部落的首領以後，在涿鹿（今天河北省涿鹿縣）建造宮殿，創立帝業，號稱黃帝，意思就是「黃土地上的神明」。

當時，黃帝有一個近親，叫作炎帝，是另外一個部落的首領，和黃帝一樣也住在關中黃土高原，也就是中國西北部。黃帝加上炎帝，所以又會有「炎黃子孫」這種說法。

和他們處於同一時代的還有一個很有分量的人物，那就是九黎族的領袖，名叫蚩尤，帶著他的部落住在山東。

如果這三個領袖都帶著他們的部落待在原地，彼此就不會有交集了，但是，應該是出於一種求生的本能吧，大家為了尋找更好的生存環境，很自然的都會開始慢慢移動。

黃帝和炎帝先是一起往東，再往兩條路線發展；炎帝進入河北，住在太行山以東，黃帝則進入河南，住在嵩山一帶。但是，就在他們都開始向東發展的時候，本來住在山東的蚩尤也開始向西發展，這麼一來，三個部落的利益就產生了衝突，戰爭也就不可避免了。

首先是炎帝與蚩尤為了爭奪黃河下游平原地區大戰（在今天的河北、山東、河南三省交會處），戰爭結果，炎帝輸了，於是向北逃走，跑去向黃帝求救。黃帝不敢大意，做好充分的準備，小心應戰。

蚩尤是一個非常強大的對手，傳說他有八十一個兄弟，一個個都是銅頭鐵額，凶猛無比。（大概比變形金剛還要厲害！）

不過，黃帝比較有威望，當時，天下許多氏族都紛紛前來歸附，願意聽從黃帝的指揮，黃帝成了最大的軍事聯盟部落的首領。

黃帝和蚩尤在涿鹿大戰，這就是有名的「涿鹿之戰」。這是一場惡戰，好不容易，黃帝終於獲勝，蚩尤被砍下腦袋，屍首分解，後來這個地方就叫作「解州」。接著，黃帝率兵進入九黎族的地界，來到泰山之巔，會合各氏族首領，並拜祭天地。

不過，由於蚩尤實在很厲害，因此，就算他敗給黃帝，在民間還是很有影響力，在春秋戰國時代，蚩尤和黃帝一樣都是「戰神」。傳說人們之所以懂得運用銅來製作兵器，就是從蚩尤的部落開始的。

除去蚩尤之後，黃帝開始號令天下，可是此舉卻引起炎帝的不服。炎帝雖然曾經敗於蚩尤之手，但還是擁有一定的實力，於是，為了爭奪天下，炎帝又與黃帝在阪泉展開大戰（在今天北京市延慶縣西與懷來縣之間），史稱「阪泉之戰」。戰爭結果，黃帝再度取得勝利。到這個時候，黃帝的統治地位才真正確立下來。

「涿鹿之戰」和「阪泉之戰」促使了各個部落的融合，也漸漸打破了各個不同部落之間的限制，大家開始會交錯居住，互相通婚，奠定了華夏民族形成的基礎。

此外，黃帝懂的事情很多，不但很會帶兵作戰，也很會發明，對老百姓的貢獻很大。事實上，在與蚩尤大戰的時候，黃帝之所以能夠取得勝利，有一個關鍵因素就是他及時發明了指南車，因為蚩尤不但擁有很強的戰士和武器，他本人還會吞雲吐霧，能把敵人困在濃霧之中，無法分辨方向；有了指南車之後，黃帝才能大敗蚩尤。

天下太平以後，黃帝並沒有固定的城邑，涿鹿只是他最早的都城罷了，因為他總是在全國到處巡視。他的足跡最東到了大海，登上了琅邪丸山和泰山，最西到了今天的甘肅崆峒，登上了雞頭山，向南則到了長江，登上熊耳山和湘山。至於北邊，因為當時北邊有來自葷粥族的威脅，黃帝還親自率兵擊潰他們，並且把他們趕到北邊更邊遠的地區。

黃帝很關心老百姓的生活，所到之處總是很耐心的教導老百姓如何生火做飯，如何吃熟食，並且苦口婆心的勸老百姓要勤於耕織。黃帝的身邊有一群很能幹的臣子，無論是天文、曆法、音樂、文字，都有專人管理。長久以來，一直有「倉頡造字」的說法，倉頡就是黃帝的得力助手。雖然五萬多個漢字不可能是倉頡一個人所「造」出來的，必然是廣大老百姓的智慧結晶，但是在倉頡時代，文字確實可以說是已經處於一個萌芽的狀態。

黃帝也已開始實行多妻制。傳說黃帝有十四個妻子，原配名叫嫘祖，是一個非常聰明、非常有創意的女子，她教導老百姓如何養蠶，如何蠶織。

（想想看，蠶織的歷史竟然這麼悠久，很驚人吧！）

總之，在黃帝一統天下的時候，老百姓的生活是非常富足和安康的。傳說黃帝在位一百年。這麼好的一個統治者能夠在位這麼久，那可是老百姓的幸運。

第3個

從堯舜禪讓到「家天下」

傳說在黃帝以後，先後出了三位很出名的部落聯盟首領，名叫堯、舜和禹。他們本來都只是一個部落的首領，日後才被推選為部落聯盟的首領。

部落聯盟的首領必須是一個德行好、又有能力，所謂「德才兼備」的人。當堯年老的時候，一心想找一個德才兼備的人來接任他的位子。他考慮過很多人，都覺得不滿意，後來，有人向他推薦舜，說舜是一個孝子。舜的生母很早就死了，後母對他很壞。後母生了一個兒子叫作象，對舜這個哥哥

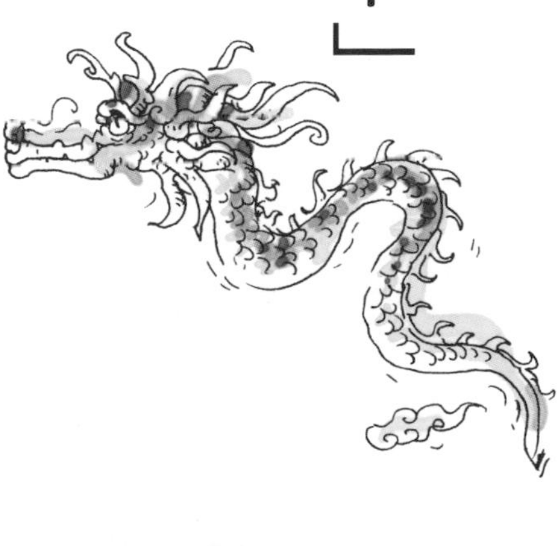

的態度也很惡劣，而舜的父親對於長子所受到的委屈好像都視而不見，還特別寵愛象。（這簡直是中國上古版的「灰姑娘」嘛。）

但是，舜對於這一切都沒有怨言，還是盡心盡力的做一個好兒子和好哥哥。這確實很不簡單，這需要多大的胸襟啊。所以，堯聽了舜的事蹟，就對舜很有興趣，決定要好好的考察一下舜。考察的方式以今天來看一定會覺得很不可思議，堯竟然把自己的女兒就這樣嫁給了舜！而且不是嫁一個，而是一口氣嫁兩個！這兩個女孩名叫娥皇和女英。

除了送給舜兩個老婆，堯還替舜築了糧倉，分給他很多牛羊。舜的後母和弟弟看到舜如此走運，嫉妒得都要瘋了，又想出一連串的毒計想要陷害舜。他們還把舜的父親也拉進來一起共謀，可是不管他們使出什麼樣的伎倆，舜都老神在在，一點也不怕。他本來就心胸坦蕩，現在又不是一個人孤立無援啦，兩個又賢慧又能幹的老婆總是能夠幫助他化解所有的危機。而在詭計始終無法得逞，舜卻仍然毫不怨恨、毫不動怒的情況之下，想要對付他的那三個家人總算知道慚愧和感動了，於是一家人盡棄前嫌，開始和睦的過日子。

堯聽到了這些故事，確信舜的確是一個極有德行的人，再加上也很有能力（兩個老婆一定為他說了不少好話吧），便決定把部落聯盟首領的位子讓給舜。這就是有名的「堯舜禪讓」。

舜接位以後，親自耕田、打魚、製陶，總之就是和大家一起勞動，深受百姓的愛戴。到舜年老的時候，就像當初堯一樣，他也要尋找一個理想的接班人，於是他召開部落聯盟會議，推選禹為聯盟的首領。禹當上聯盟首領可說是眾望所歸，因為他治水立下大功。

中華民族起源於黃河，黃河可以說是中華民族的搖籃，但是黃河水患也為人們帶來極大的災難。這個非常棘手的水患問題，直到禹治水成功以後，才不再像過去那樣時時威脅著老百姓的生命安全。

禹的父親名叫鯀，在堯舜時代就已進入中原，是居住在大河南岸位於嵩高山中的有崇氏部落的首領。在神話傳說中，鯀是天上一位充滿愛心的大神，看到天帝發大水來懲治凡人，非常不忍，就偷了天庭的寶物「息壤」來到人間，想為大家平息水患。

這個息壤非常神奇，只要一投向大地就會迅速生長，轉瞬之間就長成高山，長成堤防，這樣洪水就會被擋住了。

然而，就在眼看洪水即將退去的時候，天帝發現息壤被偷，大為震怒，馬上派火神祝融趕到人間，把鯀殺了，還把剩餘的息壤奪了回去，結果，洪水又回來了。

鯀是在羽山被殺的。他被殺三年，屍體都沒腐爛，肚子反而還日漸隆起，原來他有感於壯志未酬，居然還能在死後孕育一個新生命，想讓這個新

生命接手完成自己的遺志，成為老百姓的救星。當天帝得知鯀的屍體過了三年還不腐爛的怪事（天帝的消息好像很不靈通嘛），擔心鯀會異變成什麼妖魔鬼怪，便派了一個天神來到羽山，舉起寶刀朝鯀的肚子用力砍下去，不料，天神手起刀落，從鯀的肚子裡竟然立刻跳出一條頭上長著利角的虬龍，並且立刻升上天空，這就是禹。

歷史上的記載則是說，堯派鯀去負責治水，結果鯀為人剛愎，完全不接受別人的意見，也不會從失敗中檢討經驗，一心堅持要用防堵的辦法來對付水患，結果治水九年非但毫無效果，水患反而還愈來愈嚴重，最後在羽山被堯處死，也有一種說法是被舜處死，緊接著，鯀的兒子禹就接手父親的工作。禹改用疏導的方式，治水十三年，終於解除了水患。

對照一下神話傳說和歷史記載，我們至少可以知道兩件事。第一，鯀和禹父子兩人所採取的治水辦法不同，鯀採取的是防堵（「息壤」這個神物的作用不就是為了防堵嗎），禹採取的則是疏導，疏導的辦法顯然比較有用。第二，先民的生存環境真是非常的艱辛，不時就會遭到像大洪水這種天災的威脅，而且禹的辦法就算管用，也還是苦苦奮鬥了十三年之久！

這也就是大禹治水這個故事最大的價值所在，因為從這個故事表現出了先民不畏艱難、人定勝天的奮鬥精神，尤其是大禹在治水的十三年期間，全心全意的奉獻，根本顧不到自己的家，甚至有三次正好經過自己的家門他都忙得沒有時間進去看一眼。這就是歷史上記載的「三過家門而不入」。

大禹對歷史另一個重大的影響，就是他在老年的時候傳位給兒子，名叫啟，後來啟建立了夏朝，這是中國歷史上第一個王朝，從此，「禪讓制」就被「世襲制」所取代。

原本從黃帝以後，陸續繼位的五帝都是以禪讓的形式產生，很多人都認為禪讓制度很好，所以啟在剛剛即位的時候，也不是所有的人都贊成，有扈氏就對啟破壞禪讓制度的作法非常不滿，不肯出席啟召開的宴會，想藉此表示強烈的抗議，於是啟就調動軍隊征伐有扈氏，有扈氏不敵戰敗，慘遭滅族，從此再也無人敢反對啟，夏王朝的政權便得到進一步的確立。

從禪讓變成了「家天下」（就是帝位只傳給一家人），這同時也代表著漫長的原始社會被私有制的社會所取代。

第4個
盤庚遷殷

夏王朝一共四百七十一年。最後一個統治者夏桀，是有名的暴君。當時，商地的國王商湯（又名成湯），是一位仁慈的君主，很多百姓為了逃避夏桀的暴虐，都想投奔商湯，紛紛往商湯的領地跑。漸漸的，夏桀知道了商湯的號召力，非常惱怒，就設下詭計把商湯騙來，關在夏台，幸虧商朝大臣火速給夏桀送來很多奇珍異寶，商湯才能夠脫險。這一次的經歷，讓商湯下定決心，一定要推翻夏朝。

後來，商湯一方面任用廚子出身的賢人伊尹為相，勵精圖治，另一方面也暗中積極聯繫其他的諸侯國，在經過精心的準備之後，終於率兵攻破夏都，活捉了夏桀。夏桀被軟禁了幾年以後死去，商湯建立了中國歷史上第二個王朝——商朝。

儒家都很崇敬伊尹，把他視為「良相佐國」的典型。伊尹的故事也滿傳奇。據說當他還是一個小嬰兒的時候，遭遇了一場大洪水，他剛巧落到一棵桑樹的樹洞裡才幸運的存活下來。他從小生活在有莘國的御膳房裡。據說伊尹長得其貌不揚，但是很聰明，不但有一手好廚藝，還有一肚子的學問，甚至還當起有莘國公主的老師。

後來，商湯向有莘國的公主求婚，伊尹因為知道商湯是一個仁厚的國君，很想為商湯效命，便自願屈尊當成陪嫁的一員來到商國。可是，到了商國以後，伊尹被派到御膳房工作，根本接觸不到商湯，伊尹便想出一個辦法，把菜做得忽鹹忽淡，不久，果然引起商湯的注意，下令要召見廚師。如果是別的國君，看這個菜做得這麼糟糕，難以下嚥，搞不好一聲令下就把廚子給殺了，可是商湯是一個仁君，把廚子叫來只是想問問他到底是怎麼回事，伊尹被召見之後就趕快把握機會大談治國之道，大意是治國就像烹飪的時候放調味料一樣，對於各種政策的擬定一定要恰到好處才能取得好的效果（真是很會比喻啊），一番談話下來，商湯大為折服，從此伊尹再也不用燒飯，轉而協助商湯治國去了。

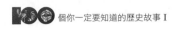

商朝建立以後，伊尹輔佐商湯執政三十年，政績很不錯。商湯去世以後，伊尹又輔佐了兩個國君，都是商湯的兒子，都很短命。接著繼位為國君的是商湯的孫子太甲。

對忠心耿耿的開國老臣伊尹來說，太甲實在是一個不合格的國君，毫不遵守成湯法度，也不聽勸，根本不把任何人包括自己放在眼裡。不過，伊尹顯然還是握有一定的實權，居然在一氣之下，把太甲放逐到一個叫作桐宮的地方（這是成湯的墓地），讓太甲去面對祖先好好的反省。

在這期間，伊尹還採取「函授」，寫了好多東西給太甲，教導他該如何做一個好的國君。

太甲在桐宮待了三年，也不知道是因為膽小，想盡快離開那個地方，所以願意接受改造呢，還是每天除了看伊尹送來的東西，也沒別的事可做，看著看著終於深刻認識到自己的錯誤，還真的願意改過自新了。伊尹見改造成功，馬上高高興興的把太甲迎回國都，重登王位。太甲再度登基之後，表現果然也比以前要好很多。

伊尹的壽命還真長，太甲死了以後，他又繼續輔佐太甲的兒子，過了幾年以後才過世。

商朝的壽命跟夏朝差不多，一共維持了四百九十六年。在這將近五百年的歷史中，盤庚遷都是一個重要的分界線。盤庚是湯的九世孫。

在商朝成立早期，由於王位的繼承還不是嚴格的「傳子制」，而是「父死子繼」和「兄終弟及」兩種制度並存，就是說王位可以傳給兒子，也可以傳給弟弟，這麼一來幾乎只要一有商王去世，都會引起一場王位爭奪。而為了擺脫王族爭權奪利，並且尋找一個更合適的地方經營自己的政治實力，新王在即位的時候幾乎都會遷都。

盤庚在即位的時候，除了要擺平王族內的紛爭，還得面對來自北方和西北方的土族和羌族的威脅，在這樣內憂外患的局面下，盤庚決定要效法先祖，也來一次遷都。

至於要遷到哪裡呢？這個問題當然要好好的費心思量。經過仔細考慮，盤庚打算遷到一個叫作殷（今天的河南安陽）的地方。理由主要有這麼幾條：

第一，殷這個地方是商的先祖起源活動的地方，盤庚可以用「恢復成湯之政」來號召，爭取百姓的支持；第二，殷地處黃河以北，洹河之濱，不僅有著優厚的地理條件，更有利於農業生產發展，還可以掌控四方，具備戰略優勢，特別是可以有效防禦北方、西北地區少數民族的侵擾；第三，殷距離當時的國都奄（今天的山東曲阜）很遠，一旦遷都於殷，自然就更有利於擺脫舊王族的各種勢力。

當盤庚一宣布要遷都於殷的時候，果然引起舊有貴族的強烈反對，這是完全可以預料得到的，因為一旦遷都，他們勢必會蒙受政治和經濟的雙重損失，但是盤庚態度堅定，他採取各個擊破的方式，一個一個的說服反對者，終於克服了強大的阻力，展開浩浩蕩蕩的遷都。這就是歷史上所記載的「盤庚遷殷」。

遷都之後，商朝無論是在政治或是經濟等各方面都有了長足的穩定和進步，並且創造出繁榮的青銅文化。事實證明盤庚遷殷實在是一個明智之舉。有了這樣良好的基礎，後來武丁在位的五十九年，商朝更是達到了鼎盛時期。

此外，商朝人嘗試著預卜未來，會在動物的骨頭和龜殼上刻畫符號表示問題和答案，這就是「甲古文」，是已知的最早的中國文字紀錄。

第5個

武王伐紂

殷紂王是商朝最後一個君王。他的名字叫作受辛，史稱帝辛，但是天下人都稱他為紂王。「紂」這個字是什麼意思呢？是「不義」與「不善」的意思；那麼，紂王是一個什麼樣的人，就不難想像了！

夏朝最後一個君王夏桀已是一個有名的暴君，但是殷紂王殘暴的程度如果與夏桀相比，恐怕是有過之而無不及。事實上，在中國歷史上像殷紂王如此暴虐、幾乎完全只留下負面形象的君王，還真的並不多。殷紂王簡直就是

一個暴君的典型。

其實，殷紂王這個人還滿有才華的，史書說他聰明過人，反應敏捷，見多識廣，文武雙全。比方說，他有一流的口才，不管是要討論一件什麼事，沒有人說得過他；他還能徒手與猛獸搏鬥，力大無窮。據說，就是因為他太出色了，再加上後來又貴為國君，就更加的不可一世，目中無人，認為天下所有人都理當是在他之下。

紂王到底是怎麼一步一步變成一個暴君的？恐怕最大的問題還是在於喜歡親近小人、疏遠賢臣吧。他任用費仲來主持政務，但費仲這個人沒有什麼才幹，最大的本事就是拍馬屁，國人都很討厭他。紂王還有一個心腹，叫作惡來（這個名字簡直就是大白話），惡來人如其名，也是只會亂搞一氣。漸漸的，紂王和大臣、諸侯之間的關係就愈來愈疏遠，許多諸侯都慢慢轉為擁護周文王。

紂王好色，貪婪。最可怕的是他非常的殘忍。如果有大臣忠言勸諫，下場都很悲慘，不是被放逐，就是被殘忍的處死。比干是朝中重臣，也是紂王的親叔叔，就因為勸諫不成慘遭殺害，不但心臟被挖了出來，屍體還被大卸八塊。

紂王強納九侯之女為妃，結果因為她不討紂王的歡心，紂王竟下令把他們父女一起處死。鄂侯看不慣，向紂王勸諫，紂王又將他殺死，還把他的肉做成肉乾。

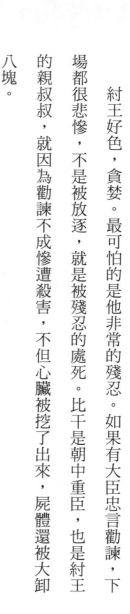

當時，紂王有一個得意的設計，就是「酒池肉林」，他命人在花園裡挖了一個大池，裡面盛滿美酒，要喝就喝，隨時都可以牛飲，還在酒池邊豎立很多木頭，上面都掛著肉乾，看起來像樹林一樣，也是隨時要吃就吃，方便得很。

此外，他還發明一種叫作「炮烙」的刑罰，在炭火上面架上銅柱，銅柱上面還塗上油脂，弄得滑不溜丟，然後叫犯人在又滑又燙的銅柱上行走，結果當然是一個個都墜落在炭火之中慘叫呼號，被活活燒死。據說紂王最寵愛的妲己，最喜歡看犯人受炮烙之刑。

當周文王姬昌聽說鄂侯身上的肉竟然也被割下來掛在肉林中的時候，暗中傷心嘆息。結果有人跑去向紂王告密，說文王對他不滿，紂王火大，馬上派人去把文王抓來關在一個插翅難飛的黑牢。其實，文王在即位第一年便進行過一次伐商

戰爭，結果大敗而歸。文王知道自己的實力還不夠，便先放下伐紂的念頭，先努力發展農業，增強經濟實力，並且廣納賢才。現在因為鄂侯之事受到牽連，表面上文王只好盡可能的不動聲色，拚命忍耐，一方面還命國人趕快向紂王進貢財寶和美女，希望紂王能夠放了他。

為了爭取獲釋，文王忍受了常人所不能忍的痛苦。原來，紂王也曾聽聞人們讚美文王，心裡很不是滋味，尤其妒恨很多人都說文王是聖人、是先知，為了考驗文王究竟有多神，竟然殺了文王的大兒子，還把他的肉做了一碗肉湯，送去給文王吃。文王強忍著悲痛，假裝毫不知情，就這麼喝下了。紂王就很得意，告訴眾人：「誰說他是先知？喝了用自己兒子做的肉湯都不知道！」再加上收到很多很棒的禮物，紂王遂不把文王放在眼裡，就把他給放了。

文王在被囚禁期間，研究天地萬物發展規律，把古人傳下來的易經推演為周易。

文王被釋回國以後，還是一如既往的繼續暗中發展實力，禮賢下士，爭取天下人心。有一天，文王要出獵，照例先占卜一番，按卦上顯示，這天他會有很大的收穫，但是所獲並不是珍禽異獸，而是將獲得一位能夠輔佐他成就一番霸業的奇才。文王非常高興，來到渭水南岸，果然遇見一個白髮老者氣定神閒的在岸邊釣魚，但是他的魚鉤卻是直的。這個老者就是姜尚，也就是姜子牙。這就是俗語「姜太公釣魚，願者上鉤」的典故。稱姜子牙「太公」，是因為他後來被文王封為相，封號則是「太公望」。

文王採納姜太公的意見，爭取盟國，孤立商，並且先大力征伐小國，鞏固後方。還滅掉周的宿敵崇國，震撼了其他國家。只有紂王還在醉生夢死，渾然不覺。

其實，文王根本不需要刻意去孤立商，因為紂王那麼的暴虐，身邊的大臣差不多統統都跑光了，大家都紛紛前來投靠文王，沒跑的譬如微子啟，為了自保，只好裝瘋，但是紂王仍不放過，仍然把他抓了起來。像紂王這麼可怕的暴君，早就成了孤家寡人。

當滅商的時機已經慢慢成熟的時候，文王卻因積勞成疾而去世了。姬發即位，這就是周武王。

西元前一〇二七年周曆十二月初五，周武王率領四萬五千人討伐大軍渡過黃河，抵達距離殷都朝歌（今天河南淇縣）只有七十里地的牧野。就算紂王的罪惡多端是大家都知道的，但是在黎明正式開戰前，武王還是集合隊伍莊嚴誓師。武王在誓詞中鄭重宣布紂王的罪狀。《尚書》中記載了這段武王誓師之詞，史稱〈牧誓〉，由於其中有「商罪貫盈，天命誅之」這樣的話，後世便將這兩句話引申成「惡貫滿盈」這句成語，意思是說，壞事做得太多或是已經做到了盡頭，應當受到懲罰了。

紂王聽說周師已經打到牧野，趕快武裝了十七萬奴隸下令抵抗反擊。以人數來說，紂王派出的人數是周師的將近四倍之多，問題是像紂王那麼惡貫滿盈、人神共憤的君王，誰還會願意為他賣命？於是士兵紛紛都在陣前起義，反而爭相做起周師的前導，殺回朝歌。

紂王見大勢已去，連忙穿戴好特製的玉衣，登上鹿台自焚（紂王剛烈的性格也由此可見）。鹿台本是紂王特別建造用來珍藏到處搜刮而來的金銀財寶的地方。

武王揮師入城，朝歌百姓夾道歡呼。

至此，商朝滅亡，周朝建立（從這個時候開始一直到平王東遷，史稱「西周」，維持了將近三百年）。

到了明代，許仲琳（還有一種說法是陸西星）根據這段武王伐紂的歷史，寫了一本神魔小說，叫作《封神演義》。

第6個

周公的故事

武王伐紂，滅了商朝以後，把國都搬到鎬京（今天陝西西安的西邊），建立了周王朝。為了鞏固周王朝的統治，武王把自己的眾多親屬和功臣分封各地，一共封了七十多個諸侯國。同時，為了安撫和控制商朝所留下來的許多貴族和奴隸主，也就是在建立新社會的同時，也要妥善安排原來舊社會的勢力，武王把紂王的兒子武庚封為殷侯，讓他留在殷都，再派自己的三個兄弟管叔、蔡叔和霍叔去幫助武庚。其實，所謂的「幫助」，誰都知道就是

「監視」的意思，所以又叫作「三監」。

除了「三監」，武王還有一個弟弟，名字叫作「旦」（本來這個名字沒什麼「不妥」，不過因為他們姓姬，連起來叫作「姬旦」，就讓人印象深刻了）。武王滅殷，姬旦是一個非常重要的謀臣，是武王得力的左右手。周王朝建立以後，姬旦的長子伯禽被封為魯公，姬旦則仍然留在京師輔政，另食采邑（也就是封地）在周，所以歷史上都稱他為周公。

儒家都非常推崇周公，而周公確實是一個非常了不起的人。首先，他的道德高尚，沒有私心，更沒有權力欲。

商王朝滅亡以後，由於殘餘勢力並未徹底消除，反抗周族統治的事件仍不斷發生，武王操勞國事過度，竟然在位兩年就病死了，成王繼位，但是這個時候成王還只是一個小孩，怎麼可能有能力處理國事，於是周公便以首輔宰相的身分攝政，代行國政。

周公盡心盡力的治國，處處小心謹慎。史書上記載周公在這段期間之內，經常「一沐三捉髮，一飯三吐哺」。古代男人的頭髮也是留得很長很長，洗頭的時候很麻煩，當周公在洗頭的時候，只要一聽到通報說有人來向他反應什麼、或是表達什麼意見，他總是顧不得頭還沒洗完、顧不得形象不佳，就急急忙忙跑出來接見，因為頭還沒有洗好，當然還不能梳理，只能隨隨便便的把頭髮一把抓在手裡，這就是「捉髮」；有的時候周公本來正在吃飯，一有人來找他，他也是趕快放下餐具，立刻接見，「哺」就是「嘴裡嚼著食物」，「吐哺」就是把正在吃的東西吐出來，不吃了，意思就是吃飯中斷。「一沐三捉髮，一飯三吐哺」這種說法，除了顯示出周公為國事的操勞，常常連洗個頭、吃個飯也不安穩之外，也顯示出他為人的謙和，一點也不擺架子。

但即使是這樣，在周貴族之中，還是很多人懷疑周公有野心，認定所謂攝政之說只是暫時想要掩人耳目，實際上周公是想竄位。有一句話說，「以小人之心度君子之腹」，這就是周公所面臨的處境，因為大多數的人都沒有那樣坦蕩無私的胸懷，所以也不相信在這個世界上居然有人能夠具的這麼的坦蕩無私。特別是管叔，因為他是周公的哥哥，認為既然現在武王不在了，按排行也應該是由他來擔任首輔宰相才對（這樣將來也該由他來竄位，怎麼可以輪到周公）。管叔想必發了不少的牢騷，武庚聽到了，認為有機可乘，趕緊拉攏管叔、蔡叔，又聯合其他幾個東方氏族邦國一起發動叛亂，一時之間整個東方又風起雲湧，周王朝的統治地位頓時面臨著嚴重的挑戰。

周公的處置是非常果斷的。他首先發表討伐叛軍的文告，以成王的口氣安定人心，號召全國百姓團結起來，緊接著，他親自率兵東征，用武力去平定叛亂。

叛亂被成功的鎮壓下去以後，周公把為首的武庚和管叔給殺了，再把蔡叔流放。接下來，周公又趁勝平定淮夷各個邦國的叛亂。可以說，武王滅殷時沒有滅徹底的殷民及其同盟，在周公東征時終於被全部征服。

周公東征，花了三年的時間，不僅平息叛亂，也使得周王朝的疆域獲得空前的擴大，東臨大海，南到淮水流域，西到甘肅東部，北到遼寧西南部，成了當時東亞的泱泱大國。

這麼大的疆土，要怎麼來控制和管理呢？當初武王在滅殷之後，所採取的封藩建衛的政策就是周公的點子，現在周公在新征服的地區更是擴大分封諸侯，建立屏藩。周公將諸侯分為公、侯、伯、子、男五等，這些諸侯國的國土面積都不大，最大的魯國和衛國，國土面積也只有四百里，這麼一來，眾建諸侯，而這些諸侯國又一個個國小力弱，自然就便於控制。周公也明確了諸侯國的義務，規定所有受封諸侯都要年年進貢，隨王祭祀，報告將自己的國家治理得怎麼樣，還要對周天子承擔守衛國土的責任，王室一旦有事，諸侯國必須出兵勤王，保護周天子。

周天子直接控制的地區是京都鎬京和東都洛邑（就是今天的河南洛陽一帶）所在的廣大地區，稱為王畿（國都周圍的地方就叫作「畿」）。周公在東征的時候，發現洛邑位於華夏中央，地理位置非常重要，所以特別將洛邑建為陪都。

「天子」這個名詞也是周公確立下來的。為了避免手足之間為了爭奪王位而相殘的悲劇再度上演，周公設計了一套宗法制度，就是「嫡長子世襲繼承制」。這套制度規定周王是天下之大宗，嫡長子（就是原配所生的第一個兒子）是王位的繼承人，而「周王」是天帝的長子，是受天之命君臨人間，所以周王又稱「天子」。此外，原配所生的兒子叫作「嫡子」，妾所生的兒子叫作「庶子」。周王的庶子都是小宗，分封為諸侯，將來也由嫡長子繼承。這麼一來，一切權利就始終握在大宗嫡長子的手上，由於嫡長子只有一個，繼承問題有了唯一的合法性，自然也就免除了過去眾子爭奪的可能。

同時，在各個諸侯國之內，也是層層分封，形成了一個從「天子——諸侯——卿大夫——士」緊密的統治結構。這樣的宗法制度，再加上周公制禮作樂（傳世至今的《周禮》據說就是周公所作），明確規定了君臣、父子、兄弟、夫婦、朋友等各種關係所應遵守的禮儀，不但有效的穩定了政治，安定了社會，為日後成王、康王兩代盛世（史稱「成康之治」）奠定了很好的基礎，也對整個中華民族的精神文明產生了積極的作用，以及非常深遠的影響。

周公輔佐成王，前後攝政七年，等到成王長大，能夠自己處理政事了，周公果然也還政於王，毫不戀棧。

第7個

烽火戲諸侯

西周在「成康之治」的時候，政局還相當安定，百姓也都能安居樂業。直到後來，由於貴族為了加強自身的利益，加重了剝削，再加上周王朝不斷發動戰爭，處於社會下層的平民和奴隸，生存壓力愈來愈大，不滿的情緒遂不可避免的日益高漲。

然而，當局明知人民有怨言，不趕快檢討政策，設法減輕人民的痛苦，竟然是採取粗暴的辦法叫大家閉嘴。周穆王的時候，制訂了三千條刑法，犯

法的人所受的刑罰就有五種，叫作「五刑」，譬如額上刺字、割鼻、砍腳等等，十分殘忍。也就是從這個時候開始，周朝的統治逐漸衰微，西方的犬戎又不斷入侵，國力消耗巨大，國內的矛盾也就愈來愈尖銳。

到了西周第十個王——周厲王即位的時候，一心只顧自己享受，完全不管老百姓的死活，老百姓的日子就更沒辦法過了。周厲王寵信一個大臣叫作榮夷公，榮夷公為了迎合厲王的私欲，想出一個「天才」的點子來討好周厲王，居然建議厲王把一切湖泊、山林、河流統統收為國有，從此，老百姓不管是上山砍柴，或是到河邊捕魚、抓蝦，統統都要交錢。周厲王如此蠻橫，還完全不准批評，派出許多密探在都城鎬京四處查訪，只要聽到有人批評朝政就抓起來殺掉。結果，弄得鎬京風聲鶴唳，人心惶惶，人們在路上碰到，都只能彼此看一眼，連招呼都不敢打了。

大臣召公虎搖頭嘆息道：「唉，治水都還要講究疏導，想要用強硬手段堵住老百姓的嘴，怎麼可能呢？」」

三年之後，憤怒的「國人」發起暴動，圍攻王宮，要殺厲王（當時住在都城裡的平民叫作「國人」，住在野外的農夫叫作「野人」）。厲王得到風聲，慌忙逃命，一直逃過黃河，到今天山西霍縣東北的地方才停下來。

國不可一日無君，厲王逃走以後，經過大臣們商議，由召公虎和另一位大臣主持貴族會議，一起暫時代替周天子行使職權，歷史上稱為「共和行政」。共和元年，也就是西元前八四一年起，中國歷史有了確切的紀年（這個時候在歐洲是希臘時期）。

共和行政持續了十四年。當被流放在外的周厲王在淒涼中死去以後，大臣們就擁立太子即位，這就是周宣王。周宣王努力整頓朝政，很得到諸侯和百姓的支持，使周王朝一度有了復興的跡象，可惜，宣王之後的幽王，竟然和他的祖父是同路人，也是一個荒淫無道的暴君，成天只顧自己享受，不理朝政，把朝政交給只懂得逢迎拍馬的虢石父去負責，再度引起大家的怨恨。同時，儘管地震、乾旱等天災不斷，但是周幽王不但不同情老百姓所遭受到的苦難，反而還加重剝削，生怕影響了自己的享受。

有一個姓褒的大臣，苦口婆心的勸諫幽王，卻被幽王下獄，一關就是三年，他的家人為了營救，便投幽王所好，從鄉下買來一個漂亮的姑娘，替她取名為褒姒，教她唱歌跳舞，然後把她精心打扮起來，送給幽王，希望能替褒家大臣贖罪，換取出獄。

這一招果然管用，幽王一見到褒姒，馬上就被迷住了，果然立刻同意了褒家的請求。

褒姒大概是冷豔型的美女，很少露出笑容，偶爾笑一下，周幽王就覺得她更美、更令人神魂顛倒。為了博得美人一笑，周幽王竟然頒布一個荒唐無比的懸賞，說誰能夠讓王妃娘娘笑一下，就賞賜一千兩金子。這時，虢石父就獻上了「烽火戲諸侯」的餿主意。

當年周公曾經明確規定過各個諸侯國，一旦國家有難，大家都要趕快帶領軍隊火速趕往京師保護天子。周王朝為了防備犬戎的進攻，在驪山一帶造了二十多座烽火台，每隔幾里就有一座，如果犬戎打過來，把守第一座烽火台的士兵就會趕快燒起狼糞（因為狼糞所產生的效果最好，煙霧能夠直直的直衝雲霄），把守第二座烽火台的士兵看到狼煙，就會趕快也燒起狼煙，這麼一來，一個傳一個，不但可以很快就向京師傳遞戰報，也能讓遠處的諸侯都可以在最短的時間之內知道國家有難，必須立刻趕往京師護駕。

（想想看，在那麼久以前，在沒有手機、電話、電報之類的年代，古人居然就已經想出這麼聰明、這麼有效率的通訊方式，真的是很聰明啊。）

烽火台的作用本來是非常嚴肅的，是攸關國家安全的軍事報警系統，怎麼可以兒戲，沒想到，昏了頭的周幽王聽了虢石父的建議，竟然真的叫人

無緣無故的點起烽火，等到各路諸侯匆忙趕到以後，再告訴他們，哈哈，沒事，剛才的烽火我們只是點得好玩，你們可以回去了。

這場惡作劇雖然果真是讓褒姒笑了，但可想而知，被戲弄的諸侯們，心裡一定是氣到不行。後來，周幽王也為了這次的惡作劇付出了慘重的代價。

西元前七七二年，申侯聯合其他的諸侯國以及犬戎一起舉兵。當幽王得知他們已向京師攻來的時候，連忙下令趕快把驪山的烽火點起來，通知諸侯們前來救援，結果，各路諸侯都認為這一定又是像上次一樣是戲弄人的老把戲（也或者他們就是存心裝傻，就是故意要這麼想的吧），所以，這次一個諸侯也沒來。周幽王帶著褒姒等人和王室珍寶逃到驪山，後來被殺，犬戎攻破京師鎬京，西周滅亡。

這時，申侯等諸侯從申國把前太子宜臼接回來，擁立宜臼為王。在褒姒進宮之前，宜臼本來就是太子，後來幽王為了討好褒姒，廢掉王后和太子宜臼，改立褒姒為后，並且把褒姒所生的兒子立為太子，被廢的申后和宜臼就逃回了申國。

宜臼即位，這就是周平王。由於鎬京在一陣大肆燒殺搶掠之後，幾乎已成廢墟，於是，西元前七七〇年，周平王在晉文侯、鄭武公、衛武公和秦襄公的護衛下，將都城遷到了洛邑，史稱「平王東遷」。

放棄鎬京，意味著周王朝已經不具備和西方游牧民族抗衡的力量，所以不得不遷到比較安全的黃河下游地區。從此西周時期比較偏重於西部的政治重心開始向東轉移，東方強大的諸侯國也相繼崛起。也就是說，平王東遷是西周與東周的歷史分界線，一方面結束了周天子的威權統治，另一方面則進入一個「禮崩樂壞」、群雄爭霸的春秋時代。

第8個 管仲的故事

平王東遷以後，史稱東周。東周時期是一段社會動盪的時期，當初周王朝所分封的諸侯國中有一部分強大起來，便互相攻戰，併吞小國，都想爭當霸主。在春秋時代，稱霸的諸侯主要有五個，史稱「春秋五霸」，第一位霸主是齊桓公，而輔佐齊桓公完成「九合諸侯，一匡天下」霸業的則是管仲。

管仲的父親曾在楚國做過官，後來戰死沙場，管仲便與母親相依為命。雖然他有一個叔父在齊國做官，但是彼此之間並沒有什麼往來，管仲母子的

生活相當艱難。

管仲結識了一個齊國人鮑叔牙。鮑叔牙可說是齊國的貴人，更是管仲的貴人，因為後來管仲擔任相國就是他大力舉薦的。

管仲和鮑叔牙一見如故，結為兄弟。兩人在一起做生意的時候，鮑叔牙就發現管仲很有經濟頭腦。

雖然生意做得不錯，但是管仲並不甘心就這樣一直做生意來養家餬口，他希望能找到更能施展自己才幹的機會。後來，管仲做過幾任地方官吏，但是都不被賞識，都沒有受到重用，甚至不久還都遭到辭退。他也想過乾脆去當兵，靠著以軍功來出人頭地，可是一到戰場，看到那種毫無章法、只是亂砍亂殺的作戰方式，管仲就不打了，溜了，有人罵他是膽小鬼，只有鮑叔牙支持他，認為他做得對，鮑叔牙說，與其白白送死，為什麼不留著有用之身，將來想辦法成就一番大業？

又過了一段時日，管仲投到了公子糾的門下，總算受到了重視，慢慢做了公子糾的師傅。與此同時，鮑叔牙則投到公子小白的門下，也做了小白的師傅。到這個時候，管仲和鮑叔牙這對親如兄弟的好朋友，由於各事其主，彼此間有了利害衝突，便不適合再密切來往。後來，由於齊國很亂，為了安全，管仲和公子糾逃往魯國避難，鮑叔牙和公子小白則逃往莒國，兩人更是徹底的分道揚鑣。

直到齊襄公突然遇刺身亡，齊國貴族對於接下來要擁立誰當國君，意見並不一致，有的支持公子糾，有的則支持小白，而無論是公子糾或是公子小白，因為都是齊襄公的弟弟，所以都具備合法繼承的權利，於是，這些貴族不約而同都紛紛派人火速前往魯國和莒國，通知公子糾和公子小白盡快趕回齊國來即位。

公子糾和公子小白在接到消息之後，當然都是即刻啟程，而且是日夜兼程、馬不停蹄的拚命往齊國趕。在莒國邊境，雙方人馬遭遇，不免武力相向，混亂之中，公子小白中了管仲一箭。公子小白的反應很快，因為他早就聽鮑叔牙多次提起過管仲，知道管仲文武雙全，心想如果再中管仲第二支箭，恐怕必死無疑，於是就在中箭的那一剎那，想也沒想，馬上裝死。

管仲那邊，看公子小白中了一箭以後就不動彈了，真以為公子小白死了，於是一行人不免就放慢了些速度，沒那麼緊張的往回趕。但是，稍後公子小白這邊發現，公子小白非常幸運的躲過一劫，沒有被射中要害，當然還是連夜拚命趕回齊國。這一年，是西元前六八五年，公子小白即位，這就是齊桓公。

不久，在齊桓公的威逼之下，公子糾被魯國處死，管仲也被丟進大牢。接著，齊桓公想要鮑叔牙出任宰相，可是鮑叔牙拒不接受，反而極力推薦管仲。鮑叔牙對齊桓公說：「如果你是安於現狀，我可以幫你治理國家，如果你想稱霸諸侯，那麼就只有管仲能夠幫你。」

齊桓公當然沒有忘記自己中過管仲一箭，差一點就死在管仲的手上，可是齊桓公畢竟是一個胸懷大志的人，為了成就霸業，可以把一些個人過節這樣的小事放在一邊，再加上一定也是因為他很信任鮑叔牙，在鮑叔牙的再三舉薦之下，終於同意了鮑叔牙的建議。於是，鮑叔牙趕緊派人把管仲從魯國接回來。

一開始，管仲還有些不好意思，覺得沒能和公子糾一起死，盡一個臣子的氣節已經不大好了，現在如果又奉仇人為主，為仇人賣命，豈不是更糟糕，鮑叔牙就反覆開導管仲，說：「古人云，『成大事者，不恤小恥，立大功者，不拘小諒。』」意思就是，要成大事、立大功，就別這麼婆婆媽媽的啦。鮑叔牙還提醒管仲，你有經天緯地的大才，只是一直時運不濟，現在這可是一個千載難逢的大好機會，你一定要好好把握！現任國君的抱負遠大，如果能夠有你的輔佐，必能成就霸業！

管仲擔任宰相之後，很快的便提出了一系列的改革。在管仲擔任齊相的四十餘年期間，齊國的政治、經濟和軍事各方面的實力都獲得迅速的增強。

管仲還被後世譽為「中國最早的經濟改革家」，因為他首先打破了井田制的限制，主張不論「公田」或「私田」，都一律按照土地的好壞和面積的大小，來徵收不同等級的實物稅。

這是對當時奴隸制生產關係的一大變革，是歷史上的一大進步。此外，管仲還充分運用齊國瀕臨大海這樣優越的地理位置，積極提倡老白姓從事漁鹽生產和貿易。這種種很有眼光的舉措，都為齊桓公日後的霸業累積了很好的物質基礎。

西元前六八一年，在管仲的建議下，齊桓公提出「尊王攘夷」的口號，以此來號召諸侯。所謂「尊王」，就是尊崇周王，當時周王室的實力雖然逐漸衰落，但是如果作為一個象徵還是很有影響力的；所謂「攘夷」，則是指驅逐外族，主要是指當時的夷族、狄族等少數民族的勢力，很能引起各個諸侯國的共鳴。「尊王攘夷」這個口號可以說非常切中當時的形勢，因此，提出這個口號的齊桓公當然也就提高了不少的威望。

第9個

楚莊王的故事

齊桓公死後，霸權轉移到晉。晉本來只是一個小國，經過晉獻公不斷兼併小國、攻伐戎狄以後才慢慢強大起來。晉獻公在晚年的時候做了一件很不妥的事，他違背了自西周傳下來的宗法制度，居然廢嫡立庶，公子重耳被迫在外流浪長達十九年，等到他好不容易能夠回國即位的時候都已經六十多歲了，史稱晉文公。

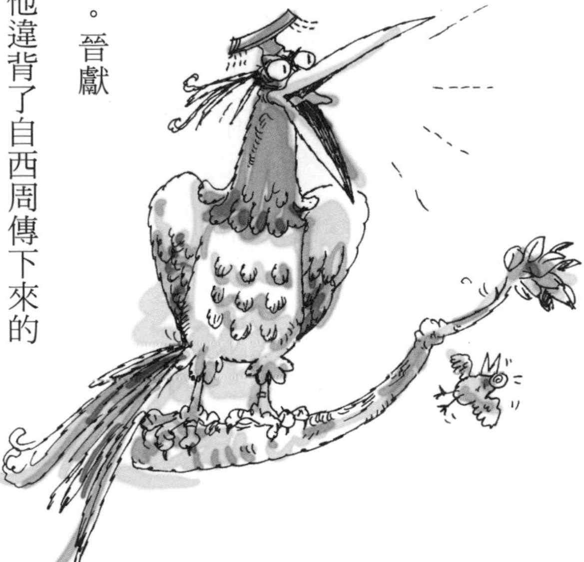

當時，周王室發生內亂，晉文公率先聯繫其他諸侯一起平定叛亂，迎周襄王復位，這個事情大大提高了晉文公的威望。後來，在城濮大戰中，晉與宋、齊、秦聯合，大敗楚軍。戰後晉文公在踐土（今天河南廣武）這個地方會盟諸侯，周襄王正式冊封他為侯伯，晉文公成為了中原霸主。

接下來長達八十年左右的時間，歷史的主要內容是晉楚之間的競爭。

楚國本來是南方一個古老的大國，不像中原其他的諸侯國那樣跟周王室都有血緣關係。長久以來，楚國一直都被視為「蠻夷之邦」。而在很長的一段時間裡，楚國與其他中原各國也都沒有什麼往來。

西元前六一三年，楚莊王即位，成為楚國第八任國君。莊王即位的時候，尚未成年，中央大權掌握在他的兩個老師手中，而其他的大臣為了爭權奪利也不把心思放在國事上，朝廷上下十分混亂，年輕的莊王雖然很想有一番作為，但是在這種情形之下，在那麼多的臣子之中，他根本不知道到底哪個可用，哪個不可用，於是乾脆過著醉生夢死的生活，每天只曉得飲酒作樂，完全不理朝政，擺出一副昏君的樣子。

漸漸的，有大臣開始來勸諫，楚莊王也不要聽，還下了一道詔令，叫大家別再來囉唆，威脅說以後誰再敢來囉唆，他就殺了誰！

這種昏君的日子差不多過了三年。有一天，大夫伍舉求見，說想給楚莊王猜個謎語。這道謎語是：「聽說南方的山上有一隻大鳥，三年不飛也不叫，請問大王，這是什麼鳥？」

楚莊王回答：「這不是普通的鳥。這種鳥，不飛則已，一飛沖天；不鳴則已，一鳴驚人！」

君臣兩個人，誰都沒有把話說明白，但又好像都說得很明白。伍舉相信楚莊王的意思是表示他這三年之所以「不飛也不叫」，不是他真的就想當昏君，而只是目前還沒有準備好而已，於是就放心的走了。

這樣又過了幾個月，楚莊王看起來還是沒有「要飛要叫」的意思，另外一個大臣蘇從也忍無可忍了，也跑來求見。蘇從一定是一個性情直率的人，不懂暗示那一套，所以，他不講故事，也不跟楚莊王猜謎語，直截了當的就把楚莊王好好的訓了一頓。

蘇從這天大概是抱著必死的決心來的吧，旁邊的人聽到他所講的話一定也都會認為他死定了，沒想到楚莊王到這個時候剛好真的準備好了，於是立刻表示醒悟，緊接著就採取了一系列霹靂手段，一方面痛懲那些貪贓枉法之徒，另一方面大力提拔一些能幹的忠臣，一時之間朝野大為震動，楚國也真的欣欣向榮起來。

當楚莊王表示自己有朝一日將會「一鳴驚人，一飛沖天」的時候，已經流露出他的胸懷壯志；儘管稍後他已經陸續掃除了周邊一些敵對的勢力，但他是絕不甘心只稱霸於南方的，他要爭霸中原。

當然，這條路楚莊王走起來也並非就是那麼一帆風順。西元前六〇六年，楚軍在征伐一些南方小國的時候，曾經一度來到洛河流域周王室的邊界，把周王室嚇了一跳。周定王急忙派出一個大臣王孫滿去軍營探望楚莊王，想探詢一下楚莊王如此炫耀軍威的用意。楚莊王也不隱瞞，乾脆詢問周王室九鼎的大小和輕重。

這個問題問得很直接也很無禮，因為九鼎實際上是周王室至高無上的象徵，並非什麼人都可以隨便關心它的輕重和大小，更何況是一個來自蠻夷之邦的楚王！於是，王孫滿竟然也一臉嚴肅、老三老四的跟楚王大唱高調，說什麼國家要強盛，主要是要靠德行來服人，不必去打聽九鼎有多重、有多大。王孫滿甚至還明白「勸告」楚莊王，希望莊王以後不要有非分之想。

楚莊王遭到如此搶白，也不以為忤，因為他這回出征，目標本來也就還不是周王室，他知道自己這個時候的實力還不夠。

於是他就帶著軍隊回去了。

翌年，楚國發生叛亂。接下來楚莊王用了好幾年的時間才把這場叛亂徹底平息。等到楚莊王再度重整旗鼓，捲土重來，再度展開「問鼎中原」（就是「稱霸中原」）大業的時候，已經又是將近十年以後的事了。

西元前五九七年，楚莊王在孫叔敖（就是小的時候打死過兩頭蛇的那位）的協助下，率領大軍攻打鄭國。實際上，在晉、楚爭霸的過程中，最倒楣的就是地理位置剛好夾在兩國中間的鄭、宋、陳、蔡等小國，這次楚軍攻打鄭國也是同樣的情形，為了擋住楚軍，晉國必定要出兵援救鄭國。

不久，晉、楚兩軍遭遇，楚莊王親自披掛上陣，指揮楚軍奮勇作戰，結果晉軍大敗，紛紛落荒而逃。這時，有人建議趁勝追殺潰逃的晉軍，也有人建議把戰場上晉軍的屍首統統堆起來，來慶祝勝利，並達到震撼的效果，但是楚莊王都否決了。他命令士兵把戰場上的屍體統統掩埋，然後就先率軍撤回楚國。

這次大戰過後，楚國聲威大震，奠定了楚莊王霸業的基礎。

第10個

晏子的故事

春秋末年，齊國由於嚴刑峻法，強徵暴斂，人民怨聲載道，在齊靈公二十六年（西元前566年），晏嬰臨危授命，擔任宰相，實行一連串的改革，執政五十餘年，終於使齊國重振雄風，國力大為恢復。

晏嬰，字平仲，為人正直，生活儉樸。他的思維敏捷，反應迅

速，是一個少有的口才特棒的政治家。這大概跟他的外表有些關係。書上說，晏嬰的個子很矮小，因此，經常有人喜歡拿他這一點來大做文章，或是喜歡用這一點來嘲弄他（好不厚道啊），但晏嬰總是能夠很快就加以巧妙的反擊，不但不讓別人占他的便宜，還會讓想占他便宜的人落得個自取其辱、自討沒趣的下場。

有一個經典的例子，就是有一次他出使楚國，楚王想要羞辱一下晏嬰，就命人在城門旁挖了一個小洞。晏嬰抵達的時候，看到城門緊閉，覺得很奇怪，就叫人去問問是怎麼回事。守城的士兵說：「大王說讓你從小洞進來，不用開城門了。」（好無禮啊）

晏嬰馬上應道：「可是這是狗門啊，只有出使狗國才會走狗門，出使人國當然要走人門。」

楚王當然不能自認是狗國，只好趕快命士兵打開大門，請晏嬰進城。

這還沒完。走到王宮，見到楚王，楚王看看晏嬰，故做驚奇的樣子說：「喲，貴國怎麼會派像你這樣的人來做使者，難道貴國就沒有人才了嗎？」

晏嬰聽了，也不動怒，只是若無其事的說：「喔，那倒不是，我們國家的人才多著呢！不過，我們國君在派遣使者的時候有一個原則，不是根據外貌而是根據才能，把有才能的派到有才能的國君那裡，把沒有才能的派到沒有才能的國君那裡，而我因為正好是最沒有才能、最沒有出息的一個，所以就被派到你們楚國來了。」

楚王聽了，只好假裝聽不懂。過了一會兒，楚王又安排了一個拙劣的戲碼想要讓晏嬰難看。吃飯吃到一半的時候，一個囚犯被武士綁著從殿下經過，楚王假意問道：「這個人怎麼啦？」

武士回答：「報告大王，這個人犯了盜竊罪。」

楚王又問：「喔。囚犯是哪裡人？」（這個問題問得沒頭沒腦，劇本寫得太差了！）

武士回答：「報告大王，是齊國人。」

於是，楚王就轉過頭來，語氣非常輕蔑的問晏嬰：「奇怪，難道你們齊國人都是天生就愛偷人家的東西嗎？」

結果，晏嬰的反應真是快得不得了，立刻不慌不忙的說：「我聽說橘這種植物只生長在淮河以南，如果是生長在淮河以北，儘管植物本身的樹葉還是一樣，但是果實的味道就完全不同，所以就不能再叫作『橘』，而叫作『枳』，為什麼會這樣呢？這完全是因為水土環境不同所產生的變化。這就好像齊國人在齊國的時候本來是不盜竊的，如今來到楚國卻幹起這種勾當，想來也是因為環境不同才讓他變壞了啊。」

說得楚王啞口無言，好半天才很不好意思的說了一句：「智者不可辱。」

這也是成語中「橘化為枳」的典故，強調環境的重要，比喻一個人會因為受到環境的汙染而變壞。

晏嬰確實是一個智者，也是一位仁者，心裡總是裝著老百姓。同時，他也經常提醒國君要做一個仁君，時時以百姓為念。

有一年冬天，大雪一連下了三天三夜還沒有停止。這天，齊景公披著一件皮袍賞雪，興致很高。當晏嬰走過來的時候，齊景公還對晏嬰說：「你看這雪有多美啊！今年的天氣也真怪，下了三天的大雪，地上的積雪都這麼深了，可是一點也不冷，大概是春天快來了吧！」

「真的一點也不冷嗎？」晏嬰追問。

齊景公還是說，是啊，一點也不冷，這多好呀！可以輕輕鬆鬆、舒舒服服的賞雪。

齊景公完全忘了自己之所以會不覺得冷，是因為自己穿得非常保暖的關係啊。於是，晏嬰正色說道：「我聽說古時候那些賢明的人，常常在自己吃飽了還會想想也許還有人還在挨餓，自己穿暖了也會想著也許還有人還在受凍，大王也應該這樣多為別人想想啊。」

這也是成語中「推己及人」的典故。

只在意自己是不是吃飽穿暖，根本想不到、也不關心有人可能正在受苦，這是很多生活優渥的人共同的反應，何況是一國之君！但是，晏嬰就是想要景公能夠經常主動想想，老百姓是不是都吃飽了穿暖了。景公其實也是一個滿可愛的國君，至少在聽到晏嬰勸諫的時候不會惱羞成怒。書上說，晏嬰曾經在一天之內三次指出景公的錯誤哪！

有一次，晏嬰陪同景公巡視紀地，這裡是紀國的遺址，紀國是一個曾經存在過的小國。當地百姓從地下挖到一個金壺，一看就知道不可能是尋常百姓用的東西，應該是王室之物，便拿去獻給景公。景公叫人把壺蓋打開，發現裡面有兩片竹簡，上面用紅漆寫著八個字：「食魚無反，勿乘駑馬。」

景公說：「嗯，有道理！這句話是告誡人們在吃魚的時候，吃了一面不要把反面也吃光了，大概是因為這樣可以防止魚腥味太重，還有騎馬不要騎劣馬，一定是因為如果騎劣馬就不能走遠路。」

「駑」，是指「最下等的劣馬」，但是除了這個解釋，還有另外一個意思是「比喻才能低下的人」。所以，晏嬰就說，不對不對，這句話不能從字面來解釋，應該從含意來理解；「食魚無反」是告誡國君不要耗盡民力（就好像吃魚的時候吃一面就好，不要把兩面都吃光光），「勿乘駑馬」則是指不要讓小人待在國君的身邊。

景公這天的反應很快，馬上就說，那麼，紀國的國君應該是很有遠見的人了，為什麼最後還會亡國呢？

不過，晏嬰的反應更快，立刻就說，可見這樣的教導應該要張掛在城門上、巷弄裡，讓百姓都知道，更要時刻放在心上，不能只是說說罷了，更不能只是藏在金壺裡，埋在地下，這樣誰會知道？又怎能不亡國！

在《晏子春秋》這本書裡，記載著很多類似這樣機智的小故事，都很有意思。

還有一個故事，也很能顯示出晏嬰的智慧。那是在魯昭公因為在國內待不下去而出走到齊國的時候，有一天，齊景公詢問魯昭公，你年紀輕輕的，照說應該很有作為，如今卻落得這樣的下場，你有沒有想過到底是什麼原因？

魯昭公說，有啊，我當然做過檢討，我想，無非是因為以前儘管有很多人愛護我，我卻不願意去親近他們，很多人規勸過我，我也不接受，弄得我現在在裡面無人幫助，在外面又無人擁護，倒是一心奉承我、對我說假話的人很多……

魯昭公說到傷心處，還做了一個相當詩意的比喻，形容自己就好比是秋天的蓬草，雖然枝葉看起來還不錯，但其實根莖早已枯萎，等到秋風一起，自然是很快的就被連根拔起了。

齊景公覺得魯昭公這番比喻非常生動，分析得也很有道理，轉述給晏嬰聽，還說如果讓魯昭公回國，相信他一定會成為一個賢良的國君。

晏嬰說：「這不見得吧？凡是那些失足落水的人，都是由於落水之前不小心，那些迷路的人，都是由於在迷路之前不注意路徑；如果一定要等到落水了、迷路了，才想起之前應該多多小心，這就好像一定要等到面臨災難了才想到應該趕快去鑄造武器，吃東西塞住咽喉了才急著趕快要去挖井取水，這個時候就算是用最快的速度也來不及了啊！」

這就是成語「臨渴掘井」的典故，告訴我們凡事一定都要預先做好準備才行。

第11個
范蠡的故事

春秋後期，晉楚之間勢均力敵，進入了二強相持的階段，爭戰要比過去少很多，尤其是在兩次弭兵會盟之後（「弭」就是停止、平息的意思），晉、楚可以說平分霸權，黃河流域的爭霸戰爭遂告一個段落。

在「春秋五霸」中，除了齊桓公、晉文公、楚莊王之外，還有兩位是宋襄公和秦穆公，也曾經想要爭霸中原，但是都沒有成功。當時，在長江流域還有吳、越兩國之間的競爭，這構成了春秋爭霸的尾聲。在吳、越兩國的爭

鬥中，本來是吳國占了上風，吳王夫差曾經於西元前四九四年在會稽山打敗過越王句踐。

自從兵敗被俘，越國就趕緊向吳王夫差進貢財寶美女（據說其中有一個美女叫作西施），苦苦哀求，先力求夫差能夠饒句踐不死。當時，吳國大臣伍子胥強烈主張「除惡務盡，斬草除根」，主張應該趕快殺掉越王句踐，以絕後患，但是這番建議沒有被夫差接受。接著，句踐帶著大夫范蠡、文種等臣子在吳國做階下囚的時候，又極盡屈辱，希望能夠爭取獲釋的機會。我們都知道越王句踐「臥薪嘗膽」，其實，為了復國，他嘗過的還不只是膽汁而已；有一次，夫差生了小病，范蠡竟然建議句踐去嘗夫差的糞便，然後說從糞便的味道可以知道夫差的病很快就會好，以此來討好夫差，而這個建議句踐居然能夠照辦（真的是能夠忍常人所不能忍啊）！

這樣過了三年，夫差大概認為句踐的意志已經徹底渙散（哪有一個昔日的國君會願意去嘗仇人的糞便呢），不足為懼，便放他們回國了。回國之後，句踐在范蠡、文種的輔佐之下，暗中整頓，不斷壯大，終於在十八年以後（西元前473年）滅了吳國，夫差自殺。

協助越王句踐完成復國心願之後，范蠡就悄悄離開了越國。臨走前，他寫了一封信給文種，大意是說，「飛鳥盡，良弓藏；狡兔死，走狗烹」，這個道理你可不要忘記啊，現在既然我們的任務已經達成，最好就趕快自行隱退吧，否則遲早有一天會大難臨頭。范蠡還說，句踐的嘴尖尖的，脖子長長的，從面相上來說，這就是一個很會猜忌，只能共患難、而沒有辦法共享樂的人，你還是也趕快走吧。

文種看了信，沒有像范蠡那樣離開，只是開始託病，不再上朝。不久，越王句踐果然開始疑心文種是不是有謀反之心，不久就把文種給賜死了。

離開越國以後，范蠡輾轉來到一個叫作陶的地方，然後運用他聰明靈活的腦袋，做起生意，不久，就變成當地巨富，大家都稱他為「陶朱公」。

「陶朱公」是中國歷史上經商致富、有史可考的第一人，兩千多年以來一直到現在都還是被視為商人的保護神。

范蠡有三個兒子，小兒子是在陶出生的，轉眼也長大了。有一年，范蠡的二兒子在楚國因為殺了人，被關了起來。范蠡想讓小兒子帶著千兩黃金去楚國營救老二，結果，大兒子知道了，強烈反對，認為家中出了這麼大的事，他是老大，當然應該要替父親分憂解勞，當然應該由他去楚國設法營救弟弟。范蠡不同意，這個老大就一直鬧（他大概是覺得父親不派他出馬是不信任他，覺得很沒有面子吧），甚至以死相逼，說如果不讓他去，他就要自殺。後來，范蠡的妻子也急了，就跟范蠡說，算了，反正老么去也不一定能救得回老二，既然老大這麼介意，就讓他去吧，免得搞不好我們一下子要失去兩個兒子！

范蠡沒辦法，只得勉強同意。他寫了一封信給住在楚國的一個老朋友莊生，交代老大帶著信去找莊生，說找到以後就把千兩黃金放在他那裡，這樣就好了，什麼都不要問，更不可以去爭什麼。

范蠡的長子到了楚國，找到了莊生，發現莊生真是窮得不得了，心裡不禁非常嘀咕和納悶，實在很難想像這樣的人怎麼會有什麼辦法？不過，他還是按照父親的吩咐，把信和千兩黃金都拿了出來。

莊生看了信，對范蠡的長子說：「好了，我知道了，你可以走了，趕快回去吧，千萬不要留在楚國，我會想辦法的，將來你弟弟出獄以後，你也什麼都不要問。」

可是，范蠡的長子很不放心，便用自己帶來的錢去賄賂楚國的一些官員，想要自己設法營救弟弟。

他不知道，莊生雖然窮得家徒四壁，可是在楚國是一個很受大家尊敬、很有分量的人，甚至能在楚王面前說上話。這天，莊生就來到楚王面前，對楚王說：「從星相上看，大王您近日將會有難。」楚王向來很信任莊生，立刻就問：「那怎麼辦？依您看，這該怎麼化解呢？」莊生就說：「只要行善就能消災。」楚王聽了，就有了要大赦的念頭，想以此來行善消災。

這天，一個受了賄賂的官員，跑來告訴范蠡的長子：「天下即將大赦，你弟弟有救了！」

這個大哥當然很高興，他不知道其實是莊生下的功夫，還以為是自己賄賂官員成功，於是又去找莊生。莊生看到他，頗為驚訝，問他怎麼還沒走？他就說，他是來營救弟弟的，弟弟還沒被放出來，他當然不能走，不過，剛剛得知弟弟即將獲釋，不用營救了，所以現在他要走了。莊生聽出他的意思，就跟他說，千兩黃金都在屋裡，還沒動過，叫他拿走。

范蠡的長子便真的高高興興的搬走了黃金。此刻他的心裡一定還很得意吧，一定是想還是自己有辦法，省下了那麼一大筆銀子，只花了一點點活動經費就把弟弟營救出來，真是兩全其美！

其實，莊生當初之所以收下千兩黃金，只是想讓范蠡放心，他根本不打算用（他確實也不必用啊），而計畫以後再還給范蠡。現在，他覺得范蠡的長子顯然是以為自己只為侵吞黃金，辦事不力，愈想愈氣。一氣之下，莊生也真夠狠的，竟然又跑去告訴楚王，說他聽到大家都在講是因為陶朱公的兒子在獄中，所以大王才會要大赦。楚王一聽，大怒，馬上下令先殺了陶朱公的兒子，第二天才大赦。

當范蠡的長子帶著弟弟的屍體回到家，全家痛哭，只有范蠡淡淡的說：「我早就料到是這樣的結局了。」他並且說，當初之所以會要小兒子去，就是因為老么成長於優渥的環境，不會把錢太放在心上，老大則因為以前跟著他們吃過苦，把錢看得太重，結果反而會壞事的。

第12個 百家爭鳴

春秋戰國時代，由於官學的沒落以及私學的興起，再加上連年征戰不休，各國官方對於老百姓的思想控制自然而然的都不如過去那麼嚴密，間接促進了老百姓的思想慢慢的放鬆解放；就在這樣整個大環境的影響之下，出現了歷史上所稱的難得的「諸子蜂起」、「百家爭鳴」的盛況。意思就是說，對於該如何為人處世、如何治國，大家都可以有自己的一套論述，形成自己的一套思想體系，然後爭相發表、爭相遊說，希望爭取認同（特別是希

望能夠爭取國君的認同）。

在諸子百家之中，最早出現的是老子。不過，老子傳世的《老子》倒不是他爭相發表的。老子姓李，名叫耳，曾經出任周朝守藏室的史官，後來見周朝衰落，社會風氣一日不如一日，便棄官歸隱。傳說老子在歸隱時，騎著青牛路經涵谷關，涵谷關的守令關尹請求老子著書，這才有了我們現在可以讀到的《老子》。

《老子》一書，全書不過五千多言，分為〈道〉和〈德〉兩個部分，所以《老子》又被稱為《道德經》。雖然《老子》第一句話就說：「道可道，非常道。」意思就是說，這個「道」啊是很難用語言說得清楚的。「道」就是道路、道理和規律的意思。但老子還是用最精鍊的語言，在這本書中基本反映了他的思想。

簡單來說，老子認為現實中的一切都是相對的，比方說，有無、長短、高下、先後、美醜、難易、強弱、輕重、大小、勝敗、損益、智愚、善惡……不過，「道」在本體上還是靜的，所以老子說「大智若愚，大巧若拙。」老子說：「德者，得也。」德就是得到道。同時，老子認為「小國寡民」是最自然的、也是最理想的一種生存環境。面對現實的動盪不安，老子則主張以柔克剛。

老子是春秋時期楚國苦縣厲鄉曲仁里（今天河南省歸德）人，被視為是道家的創始人。道家在戰國時期的代表人物是莊子。莊子，名叫周，宋國蒙（今天河南省商丘）人。對於莊子的生平，後世知道的很有限，只知道他曾經做過蒙這個地方的漆園吏，此後終身不再為官。他的朋友不多，門徒也很少，生活非常貧苦（曾經見過一次魏王，還是穿著破麻鞋和打著補丁的衣服去的），卻著書十餘萬言，不過，傳世的《莊子》一書，是莊子及其門徒的作品，是由後來魏晉時代的郭象所編定的。

莊子繼承了老子關於「道」的哲學基本立場，再提出自己極具特色的「齊物論」，認為萬物的本質都是相同的。莊子認為，所有人生在世總感困惑的問題，都是「道」，而人生的最高境界就是與道合一。要怎麼樣才能與道合一呢？首先要達到「無己」，所謂「無己」就是去除「物」、「我」的界線，取消一切對立的差別，站到道的立場上。「莊生夢蝶」是一個非常有名的典故。有一天，莊子小寐，夢到自己變成了蝴蝶，夢醒之後，發現自己仍然是莊子，恍惚之間不知道到底是莊子變成了蝴蝶呢，還是蝴蝶變成了莊子？這個典故象徵著對於一個自由自在的精神世界的嚮往。此外，「逍遙遊」的理想境界，也是莊子所提出來的。

數千年來，道家思想深入人心，無論是在文學、藝術，特別是在哲學，都產生了深刻的影響，甚至已內化成為中華民族的一種民族性。

當然，對後世產生最大影響的還是儒家，創始人是孔子。孔子的理論核心就是「仁」，認為能夠表現「仁」的制度就是「禮」。

在孔子之後，儒家的繼承人有兩個代表性的人物，一個是孟子，另一個就是荀子，不過兩個人的思想分歧很大，簡單來說，孟子主張「人性本善」，荀子則主張「人性本惡」。

墨家學派是由墨子所創立。墨子主張「兼愛」、「非攻」，反對互相侵犯。墨家學派在秦以後就中斷了。

另外還有一個重要的學派就是法家。戰國時期，法家大體分為兩派，一派是以李悝、吳起、商鞅為代表，主張以法制代替禮制，另一派則以申不害為代表，講究以權術來控制臣下，統治百姓。集法家兩派思想之大成的人物則是韓非。

韓非，生活於戰國末年，也是戰國時期最後一位思想家。他出身韓國貴族，眼看韓國政治腐敗，在秦國面前一再割地受辱，對於國家前途總感到非常憂心，多次上書韓王，提出諸多建言，但是都不為韓王所採納，於是退而著書，寫成〈孤憤〉、〈五蠹〉、〈內外儲〉、〈說林〉、〈說難〉等著作五十五篇十餘萬言（統稱為《韓非子》），在韓國流傳甚廣（就是當時的暢銷書啦），後來傳到秦國的時候，連秦王嬴政（就是後來的秦始皇）也讀到了，大為欣賞，很想要跟作者好好的暢談一番，就詢問丞相李斯這是誰的著作？李斯說，這是韓非的著作，韓非此時還在韓國。結果，嬴政為了急於得到韓非，竟然發兵攻韓！韓王在弄清楚情況之後，趕快把韓非送到秦國。

其實，李斯和韓非是舊識，但是韓非到了秦國以後，不到一年，就被李斯出於嫉妒給害死了。

在《韓非子》中，韓非提出一套「法」、「術」、「勢」相結合的中央集權君主專制理論，「法」（法律）是處理政事的唯一準繩，「術」是政治鬥爭的種種策略手段，「勢」則是君王的威勢；韓非認為，只有把這三者做理想的結合，才能很好的治理國家。

除了道家、儒家、墨家和法家這幾個影響比較大的學派之外，還有很多其他的學派，比方說以鄒衍為代表的陰陽家，提倡陰陽五行；以惠施、公孫龍為代表的名家，擅長辯論等等。總之，春秋戰國時期的百家爭鳴，不僅奠定了整個封建時代的文化基礎，對於中國古代文化的影響更是深刻。

第13個
孔子的故事

孔子，名丘，字仲尼，是春秋晚期魯國人。他出身於沒落的貴族家庭，兩歲喪父，少年時期母親也過世了。雖然生活相當辛苦，但是他從小聰敏好學，又很能幹，青年時期做過「委吏」和「乘田吏」等小官，都是非常繁瑣的行政工作，但是他都做得很出色，很受誇讚，不過，因為感覺到為政者不重視周禮，讓他的心裡很不痛快，所以就還是辭官不幹了。

當人們開始稱他為「孔子」的時候，其實他還年輕得很。在他十八歲那

年（西元前533年），魯昭公召見他，言談中稱他為「夫子」，從此，魯國上下就都尊稱他為「孔子」了。

在他三十歲那年，開始正式收徒講學，興辦平民教育，是最早創立私學的人之一。他的辦學精神是「有教無類」，具體來說，就是不分階層，不分貧富。他把「六經」、「六藝」作為教學內容。他非常注重「因材施教」，就是說同樣一個概念（也可以理解成是教學目標），在面對不同學生的時候，他會用不同的方法來啟發。他也很有「戶外教學」的概念，不時就會帶著學生出去到處看看，引導學生注意觀察社會現象，這或許跟他從小就接觸社會很有關係。總之，儘管相隔了兩千五百多年，可是孔子的許多教育觀念和教學方法，至今看來仍然一點也不過時。

孔子主張「學而優則仕」，他自己就是這樣。在魯定公九年（西元前501年），在他五十歲的時候，孔子開始從政，被任命為中都宰。在接下來的一年之內，孔子做了很多事，比方說，懲辦奸商，整頓陋俗，掘井興商富民，私訪吏情等等，由於表現得非常好，翌年，就升任司空，負責管理國家建築的重任。不久，又升任大司寇。

孔子的政績卓著，但是，後來由於魯定公荒廢政事，孔子感到難以盡到輔佐國君的責任，便決定離開魯國。在西元前四九七年，五十四歲的孔子開始率著弟子周遊列國，尋找能夠施展自己政治抱負的機會。他們到過宋國、衛國、陳國、蔡國、齊國、楚國等國，在長達十四年的時間裡，一共遊說過七十二個執政者，但是都不見用。

主要是因為孔子的政治理想（以「禮」為治，希望能達到「仁」的境界，也就是「克己復禮，天下歸仁」），總是被認為不合時宜，因此，儘管孔子保證只要用他來治理國家，一年就可以有明顯的成就（以他在魯國從政的表現，這麼說應該並不算吹牛），但是，各國國君都還是不相信，自然也就都沒有興趣。當時，各國國君都希望能夠有一套速成的辦法，讓國家在最短的時間之內就強大起來。

這個情況一直到後來戰國時期都沒有改變，當商鞅初次見秦孝公，跟秦孝公大談堯舜禹湯，要秦孝公學習他們的賢明和仁義時，秦孝公也是聽都不要聽，還大打瞌睡，直到商鞅轉而大談該如何富國圖霸，秦孝公才聽得津津有味。

西元前四八四年，季康子派人迎接孔子回國。這個時候，孔子已經六十七歲了。

回到魯國之後，魯國不可能再重用孔子，孔子對政治也深感厭倦，因而把重心轉到文化工作。

他率領弟子蒐集整理古代文獻，保存了春秋以前的重要文化遺產，編纂了《易》、《書》、《禮》、《樂》、《詩》、《春秋》等著作。在編纂的時候，孔子明確要求弟子「述而不作」，務必要保留文獻原有的文辭，同時，不涉及怪力亂神之事。他的工作態度非常嚴謹，比方說，在編纂《詩經》的時候，孔子是一篇一篇的研讀，並不斷徵求弟子的意見，大家反覆討論，最後才選定三〇五首詩，分為〈風〉、〈雅〉、〈頌〉三個部分。

孔子修《春秋》，上自魯隱公，下至當時的魯哀公，一共十二個國君，兩百四十二年的歷史。這也開創了私人修史的先例，在中國歷史上也是一項開創性的功績。

回到魯國之後僅僅過了五、六年，西元前四七九年，孔子與世長辭。在他過世以後，弟子將他的語錄編輯成書，這就是我們都很熟悉的《論語》。這是研究孔子和他學說最重要的資料。

孔子對後世的影響是難以估計的。他不但是教育家，更是思想家，是儒家學派的創始人。相傳孔子的弟子三千，精通「六藝」者七十二人，這就是後人所說的「七十二賢人」。在孔子離開人世以後兩百多年（西元前213年），儒家雖然遭遇秦始皇「焚書坑儒」的浩劫，但是因為孔子的徒眾遍天下，民間保藏《詩》、《書》典籍很多，儒家思想不可能被消滅。「焚書坑儒」事件發生之後又過了七十幾年（西元前140年），漢武帝接受了董仲舒「罷黜百家，獨尊儒術」的建議，儒家學說逐漸成為「正統」，也就是說成為

統治階層的主流思想，影響極為深遠。

在孔子之後，儒家最傑出的代表人物一般公認是戰國時代的思想家孟子。孟子名軻，和孔子一樣，也是幼年喪父，母親為了教育他，煞費苦心，「孟母三遷」和「斷機教子」的故事都早已是千古美談，前者顯示孟母非常注重孩子的成長環境，為了尋找一個理想的環境，不惜搬了三次家，直到搬到私塾旁邊才算滿意；後者則是不惜把織了一半的布料毀掉，告誡兒子學習不可半途而廢。

孟子也曾遊說過齊、魏等國，宣揚「仁政」，主張以民為本，堅信人性本善，雖然也被君王認為不合時宜，但在當時的思想界仍然產生了很大的影響。由於孟子可說是最能光大儒家仁政學說的人，所以後世都將他稱為「亞聖」。

第14個

三家分晉

「三家分晉」是發生在春秋戰國之交的一件大事。

在西周的宗法制度之下，周天子分封諸侯（這是「公室」），諸侯在自己之下又分封卿、大夫（這是「私家」），所以卿大夫也會有自己的封邑和相對獨立的政治、經濟甚至軍事力量。春秋後期，由於諸侯國的權力下移，由公室逐漸移轉至私家，有些勢力強大的卿大夫甚至還能反過來操縱國君；「三家分晉」就是一個典型的例子。

其實在「春秋五霸」之一的晉文公當政的時候，晉公室的力量就已經慢慢削弱，而卿大夫等私家的力量卻慢慢壯大。晉文公去世以後，王室的力量更加衰落。晉厲公的時候因為感受到這些私家對自己的威脅，想要除掉私家，可是行動不成反而被私家所殺。堂堂一國之君竟然會死於卿大夫之手，這也真是夠駭人聽聞的了。

晉朝中期以後，勢力最大的卿大夫有智氏、趙氏等六家，史稱「六卿」。這「六卿」代表著一種新興的封建勢力，他們一方面不斷與那些以公室為代表的舊貴族進行惡鬥，另一方面彼此之間也一直在激烈的競爭。當然，這樣的競爭對老百姓來說也未必全是壞事，比方說，六卿為了競爭，都各自實行了一些有利於發展的革新措施，其中以趙氏的獎勵軍功、減少農民負擔、釋放奴隸等措施最得民心。

又經過一段時日，六卿又慢慢變成剩下智氏、趙氏、韓氏和魏氏等四家，掌權的人分別是智伯、趙襄子、韓康子和魏桓子。其中，智伯的實力最強，野心也最大，實際上當時在位的晉敬公已完全被智伯給控制住。但是智伯還不滿足，他還想乾脆廢掉敬公，自己來當晉國的國君。

西元前四五三年，智伯打著敬公的旗號，以增強晉國國力為名，提議要和韓、趙、衛三家一起都拿出一百里土地獻給敬公。智伯心想，只要另外三家都乖乖交出土地，他就可以不費吹灰之力白白得到三百里土地，如果有哪家不交，他就可以敬公的名義出兵討伐。智伯的算盤打得精，實際上大家都知道他的目的不過就是為了想要削弱他們三家，而壯大自己。可是，韓康子和魏桓子都忌憚智伯的氣焰，都不敢跟他正面衝突，只好無奈的同意，唯獨趙襄子一口拒絕，表示土地是祖宗傳下來的，不可以隨意處置。

智伯當然非常生氣，就聯合韓康子和魏桓子一起去攻打趙襄子；智伯怕他們不肯去，還特別允諾，勝利以後，將和他們一起平分趙襄子的土地。

三家聯軍就這麼浩浩蕩蕩的向趙家殺來，不久，趙襄子被迫退守晉陽城（今天的山西省太原市）。這是趙氏家族多年來用心經營的一個根據地，城牆修得很堅實，糧草的儲備也很充分，就是作戰的裝備非常簡陋，很多刀劍甚至都破舊不堪，弓箭也嚴重不足。趙襄子非常發愁，就憑這些破銅爛鐵，怎麼可能擋得住三家猛烈的進攻？

趙襄子趕快把家臣都找來開會。有一個名叫張孟談的家臣說，聽說先主在修建晉陽城的時候，很費心思，有些柱子都是用銅鑄成的，宮牆裡面則砌滿了蘆柴和荊條，我們何不利用這些材料，火速趕製武器？趙襄子一聽，喜出望外，馬上下令扒圍牆、拆銅柱，然後運用這些材料連夜趕製出戈矛弓箭等各種武器，準備迎戰。

儘管和三家聯軍相比，趙家這裡的武器不見得多麼的精良，人數更不見得多，但是有一點很重要，那就是軍民一心，氣勢如虹，都一致支持趙襄子，對於三家聯軍的圍城，大家都顯得非常的同仇敵愾。

就這樣，晉陽城被圍了兩年，戰況始終膠著，沒有辦法突破。到了第三年，智伯已完全失去了耐性，想出一個歹毒的計策，竟然想要引晉水來水淹晉陽城。就在危急時刻，趙襄子派出家臣張孟談悄悄出城去勸說韓康子和魏桓子，提醒他們「唇亡齒寒」，如果趙家亡了，智伯接下來一定就會對付他們兩家，到不如現在他們就聯合起來，一起向智伯發動反擊！

「唇亡齒寒」這個典故，就發生在他們的先人——晉獻公的時候。春秋時期，晉國就是從晉獻公在位的時候開始慢慢強大起來的。有一次，晉獻公想要併吞一個小國虢國，但是晉國與虢國並不接壤，中間還隔著另外一個小國虞國，於是，晉獻公就派人送了寶玉和駿馬去給虞國的國君，想要跟虞國借道，當時，虞國的大夫宮之奇對國君說，無故接受別人的禮物是一件不吉利的事，再說虢國與我們一向友好，我們兩國的關係就像嘴唇和牙齒一樣的密切，誰也離不開誰，應該彼此互相照應，如果借道給晉國，讓他們去攻打虢國，虢國一旦被滅，我們也將活不下去！可是，國君不聽宮之奇的勸告，還是同意了晉獻公的要求，讓晉軍借道去攻打虢國，結果，晉軍在滅了虢國班師回國的路上，又經過虞國的時候，果真就順便把虞國也滅了。

韓康子和魏桓子聽了張孟談這麼一分析，深覺有理，再加上從一開始他們也就不是完全出於自願的要來攻打趙家，於是，趙襄子分化成功，一下子就情勢逆轉，智氏反而被三家所滅，智伯的土地也全被三家平分。從此，晉國大權就掌握在趙、韓、魏這三家的手裡。

後來，趙襄子、韓康子和魏桓子相繼去世，他們的繼承人看公室已經衰落不堪，就趁著晉幽公剛剛繼位的時候，乾脆又徹底瓜分了晉的土地，這就是「三家分晉」。

不過，儘管晉已名存實亡，但是三家在名義上畢竟還是「卿」，還不是諸侯，想要當上諸侯，還得經過周天子的任命。西元前四三〇年，三家都派出代表去朝見周天子討封，趙、韓、魏正式成為三個獨立的諸侯國，「晉國」這個名字也就從歷史上正式消失。

到這個時候，春秋後期的十幾個大國，經過激烈的競爭和兼併，只剩下齊、秦、楚、燕、韓、趙、魏等七個大國和幾個小國，正式進入了戰國時代；這七個大國，史稱「戰國七雄」。

第15個

墨子和公輸般

在戰國初年，楚國的國君楚惠王念念不忘過去楚莊王的霸業，一心也想有一番作為。於是，他整頓軍備，擴大軍容，想要去攻打宋國。

楚惠王對於攻打宋國信心滿滿，因為他們有一個很厲害的新式裝備，這是由朝廷一個大夫所發明的。這個大夫名叫公輸般，原來是魯國人（所以後來大家也都叫他魯班），他是工匠出身，被楚王請去當了楚國的大夫。公輸般為楚國設計了一種攻城的工具，有一點像梯子，可以升得很高很高，就好像可以碰到雲端似的，因此就叫作「雲梯」。古時候每一個大城市都會有城牆，作戰的時候，最困難的就是攻城，現在有了雲梯，顯然可以加快攻城的速度。

楚惠王對雲梯的設計非常滿意，也非常欣賞，交代公輸班趕緊多多製造。

不久，宋國聽說楚國即將進犯，都感到大禍臨頭。而其他的諸侯國聽說楚國有了雲梯，也都倍感威脅。

當然，也有很多人反對楚國進攻宋國，其中反對最厲害的就是墨子。

墨子，名叫翟，是墨家學派的創始人。他出身平民，所以反對世卿世祿，主張尚賢。他也反對鋪張浪費，主張節約，要求門徒都要穿短衣草鞋，參加勞動，以吃苦為榮。同時，「非攻」也是他的重要思想，他反對互相侵犯，要求對卑賤者也要給予平等的地位。現在聽說楚國要利用雲梯去攻打宋國，就親自急急忙忙的前往楚國，希望能夠阻止。

他就這樣徒步了十天十夜，終於來到楚國的都城郢都，先求見公輸般。公輸般一看到他，嚇了一跳，因為墨子的樣子看起來實在是太慘了；由於這十天十夜幾乎都沒有休息，都在趕路，墨子的腳底都起了泡，流著血，但是他也不在意，只是從身上衣服扯下一塊布包裹著腳掌而已。

墨子勸公輸般不要幫助楚惠王去攻打宋國，公輸般說那是不可能的事，除非是楚惠王主動叫停。墨子一聽，就轉而要求公輸般帶他去見楚惠王。公輸般同意了。

在楚惠王面前，墨子說，楚國地大物博，宋國的土地不過五百里，而且土地不好，物產也不豐富，如果楚國去攻打宋國，就好比是明明自己已經有了華貴的馬車，卻還要去拿別人的破車一樣，也好像是把自己漂亮的繡花綢袍丟掉，而去搶人家一件破短褂一樣，這不是很荒謬嗎？

墨家不僅在數學、邏輯學和其他自然科學方面都有相當突出的表現，還是諸子百家之中最早提出「名辯」思想的，所以，楚惠王被墨子質疑得無話可說，但是，就算說不過，楚惠王仍然堅持一定要去打宋國。

楚惠王說，何況有了雲梯，去打宋國簡直就像是探囊取物，哪有不打的道理！

公輸般也附合道，是啊，打宋國正好可以牛刀小

試一下自己的得意傑作——雲梯。

這時，墨子就說：「你能攻，我就能守，你的雲梯未必就一定能占得了便宜。」

公輸般當然不信。墨子說：「那我們現在就當著大王的面來演示一下好了。」

說著，墨子就解下身上一條衣帶，在地下圍著當作城牆，再拿幾塊小木板當作雲梯。

「你打算怎麼攻城，儘管說，我都會有辦法阻擋。」墨子說。

接著，他們就一來一往，公輸班首先說要把雲梯架在城牆外面來攻城，墨子就說要用著火的弓箭射雲梯，來一個「火燒雲梯」；公輸般說要用撞車撞城門，墨子就說要從牆頭丟下大石頭或滾木來砸撞車；公輸般又說，那就改為鑽地道，從地道入城，墨子說，那更容易對付，只要用煙熏地道就行了……公輸般一連使出九套攻城的辦法，但是墨子都有辦法防守，到最後，公輸般沒招了，墨子卻還說：「我還有好多招數都還沒使出來呢！」

公輸般很火大，瞪著墨子說：「哼，我還有最厲害的一招，但是我現在還不說。」

墨子說：「我知道你想用哪一招，我現在也不說。」

楚惠王跟不上他們倆腦袋運轉的速度，只好問道：「你們在說些什麼？我怎麼聽不懂了！」

墨子就說：「他的意思很清楚，無非是以為只要把我殺掉就好了，可是，我在來到這裡以前已經派了三百個徒弟守住宋城，他們每一個人都學會了我剛才演示的守城的辦法，連我沒有說出來的那些對策他們也都會！」

楚惠王聽了，這才打消了要進攻宋國的想法。墨子就這樣阻止了一場戰爭。

此外，由於公輸般在木工工藝方面的巧手慧心，被後世尊為木匠這一行的保護神；有一句成語「班門弄斧」也和他有關，意思是說如果誰想和公輸般比一比使用斧子的本領，那就是不自量力。

第16個

孫臏智鬥龐涓

戰國初年，為了增強自己的實力，各國都紛紛興利除弊，變法改制。首先進行變法的是魏國。魏文侯於西元前四四五年起用李悝，實行變法，頗有成效，使得魏國成為「戰國七雄」中率先強盛起來的國家。

但是，稍後齊和秦也迅速崛起，開始與魏爭雄。魏惠王為了保持優勢，再度用重金希望能吸引更多的人才來為魏國效命。這時，魏國有一個人，名叫龐涓，聽說魏惠王在招募人才，就打算去碰碰運氣。他和一個朋友商量，

這個朋友名叫孫臏，是從齊國來的，他的祖父就是春秋時期偉大的軍事理論家孫武。龐涓和孫臏當時正一起在鬼谷跟著一個大學問家——人稱「鬼谷子」——學習軍事，兩人算是「同學」關係。孫臏也認為這是一個好機會，鼓勵了龐涓一番。臨下山之前，龐涓還再三向孫臏保證，如果此行順利，他一定也會向魏惠王推薦孫臏。

龐涓見到魏惠王之後，把自己從鬼谷子那裡所學到的本事拚命賣弄，果真得到魏惠王的信任。魏惠王命他擔任大將，兼任軍師。龐涓加緊操練了一下兵馬，便先拿宋國這樣的小國開刀，領軍前去打宋國，打了幾個勝仗，嚇得附近一些和宋國同樣屬於小國的衛國、魯國、鄭國等等都趕緊跑來向魏國朝貢，而齊國來侵犯邊境，也被龐涓打了回去。

魏惠王對於龐涓的戰績很滿意，對龐涓更加信任，龐涓自己也愈來愈趾高氣揚起來。

有一天，墨子的徒弟禽滑釐碰到孫臏，問他為什麼不也下山去努力建立一些功業。孫臏說：「不急呀，龐涓說如果碰到了好機會就會來叫我的。」

禽滑釐驚訝道：「龐涓？他不是已經做了魏國的大將？」

「真的嗎？不會吧？」孫臏不相信。

「那我去替你再打聽一下好了。」說完，禽滑釐就走了。

不久，禽滑釐來到魏國，看到龐涓那副狂妄的樣子，知道他一定是早就把孫臏給忘了，要不然就是有私心，擔心孫臏比自己出色，所以不想讓魏惠王和孫臏見面。禽滑釐想到孫臏還那麼信任龐涓，很為孫臏打抱不平，乾脆直接跑去見魏惠王，並且向魏惠王推薦孫臏。

禽滑釐還說：「雖然孫臏和龐涓一起向鬼谷子學習，但其實孫臏早就從他祖父那裡學得了一套兵法，龐涓怎麼能夠跟他比！」

魏惠王便趕緊把龐涓叫來，責問他既然早知道有這樣的人才，為什麼不趕快向他舉薦？這樣的人才若是被別的國家重用，豈不是會對魏國不利？畢竟，在那個強調變革的時代，各國都是求才若渴啊。

龐涓滿心不願，但眼看也瞞不住了，只好一邊說：「我是早就想到要請他來——」一邊竟然腦筋一轉，立刻中傷孫臏道：「我是因為考慮到他是齊國人，怕他儘管人到了魏國，心卻還是向著齊國，所以才會一直沒有向大王舉薦。」

不久，孫臏接到龐涓的來信。他不知道禽滑釐在魏惠王面前幫自己說了好話，還以為真的是龐涓不忘同門師兄弟的情誼，就高高興興的下山來到魏國。

魏惠王本來打算拜孫臏為副軍師，跟龐涓同掌軍權。龐涓當然不樂意，就裝模作樣的跟魏惠王說：「孫臏是我的師兄，哪有弟為正、兄為副的道理呢？我看不如還是先讓他做客卿，等他立了功，我就讓位，改做他的副手。」

魏惠王想想也好，也就沒再堅持。

客卿雖然沒有實權，地位卻不低，孫臏以為這是龐涓為他爭取來的，對龐涓更加感激。

這樣過了大約半年。有人告訴孫臏，大街上有一個操齊國口音的人，正在到處打聽他。孫臏感到既納悶又好奇，便派人去把那個人找來。

來人自稱是替孫臏的表兄帶一封信給孫臏，還說他本來是去鬼谷，找了半天沒找到，後來聽說孫臏現在在魏國做官，所以才又趕快趕到魏國來。

表兄在信上說，齊王召他回去，他希望孫臏能跟自己一起回齊國，共創一番功業。

孫臏寫了一封信，表示自己目前一時走不開，等自己為魏國做了一點事以後再考慮吧。然後給了那個人一點路費之後，就打發他走了。

沒想到，這是龐涓設下的一個圈套，那個人根本就是龐涓的心腹所假扮的。拿到這封信，龐涓加以竄改，然後跑去拿給魏惠王看，誣陷孫臏私通齊國。接下來，龐涓心狠手辣，命人挖掉了孫臏的兩個膝蓋骨，在孫臏的臉上刺字，而且還要在孫臏面前假裝好人，說都是因為他拚命求情，魏惠王才肯饒他不死。

龐涓之所以不直接弄死孫臏，是因為還要他把《孫子兵法》背出來。這天，由於一個好心人在送飯的時候，告訴孫臏，無意中聽到龐涓對別人說，等到孫臏把兵書全部整理出來以後就要殺了他。孫臏這才恍然大悟，原來這一切都是龐涓害的。

當天晚上，龐涓就得到消息，說孫臏瘋了。他趕去一看，只見孫臏披頭散髮，又哭又笑，瘋瘋癲癲，語無倫次。龐涓疑心孫臏會不會是裝瘋，就叫人把他拖到豬圈裡去，結果孫臏倒在髒兮兮的豬圈裡滿地打滾，還隨手亂抓一些髒東西往嘴裡塞，絲毫不覺得噁心。

「看來是真瘋了。」

龐涓沒辦法，就讓孫臏住在豬圈裡，派人看守，想等孫臏清醒以後再繼續逼他整理兵書。

與此同時，禽滑釐得知孫臏的遭遇，非常同情。他判斷孫臏一定是裝瘋，便聯絡了齊國大臣田忌，決定要一起把孫臏給救出來。他們以齊威王送禮的名義派了一個使團來到魏國，乘機從豬圈裡找到孫臏，然後把孫臏藏在車子裡運出魏

國。禽滑釐猜得沒錯，孫臏確實是裝瘋，這樣才不必再整理兵書。

後來，孫臏就成了田忌的座上客，備受禮遇。

西元前三五三年，魏惠王派龐涓帶兵去攻打趙國，很快便逼近了趙國的國都邯鄲。趙國緊急向齊國求援，齊威王便派田忌為主將，孫臏為軍師，出兵救趙。

孫臏分析形勢，認為魏國現在大軍在外，國內一定空虛，不如「避實就虛」，圍魏救趙，而不必真的趕到邯鄲那裡去跟魏軍硬碰硬。田忌認為這是一記高招，採納了孫臏的建議，果真領軍殺向魏國的國都大粱（今天河南省開封市）。

龐涓得到消息，大吃一驚，趕緊率軍衝回來，可是因為長途行軍，人困馬乏，中了齊軍的埋伏，全軍覆沒，齊軍大勝。

不久，魏國重整旗鼓，再次進犯鄰國，這一次他們的目標是韓國。韓國和上次的趙國一樣，也馬上向齊國求救，齊仍然派田忌和孫臏率軍去解救。齊軍也仍然和上次一樣，出發之後還是直奔魏國的國都大梁。

龐涓有了上次的教訓，做了充足的準備，只是他沒想到孫臏這次是改用誘兵深入的計謀。當龐涓率軍趕回到魏國的邊境，發現齊軍已經開進魏國境內，他仔細考察齊軍做飯用過的爐灶，發現足夠十萬人吃飯之用，嚇了一跳。等追到第二個齊軍用過的軍營，發現爐灶只夠供應五萬人，等追到第三個營地，爐灶更少了，估計只夠給三萬人了！

龐涓大笑：「沒想到齊國人都這麼膽小啊，都跑了一大半啦！」

龐涓以為齊軍逃兵嚴重，就率輕騎追趕，結果又在馬陵道中了孫臏的埋伏。這就是著名的馬陵之戰。龐涓戰死。孫臏親手砍下了龐涓的腦袋。

馬陵之戰過後，魏國元氣大傷，從此一蹶不振。齊和秦則成為東西對峙的兩個霸主。

第17個

張儀的故事

在戰國七雄之中，秦國的軍事力量可以說是數一數二。秦國在商鞅（西元前390-338年）變法以後，經濟得到飛速的發展，國力大增。從秦孝公的時代開始，秦國歷代君主憑藉著雄厚的實力，不斷出兵進攻鄰近的魏國和韓國，奪取了不少土地。

其他六國看到秦國這麼厲害，都愈來愈不安，於是，有一派人譬如蘇秦倡議「合縱」，就是說六個國家聯合起來共同抵抗秦國，但與此同時還有另一派人譬如張儀則主張「連橫」，就是說由於秦國太強大了，只有跟秦國聯盟才能生存，甚至才有可能壯大，然後再去對付其他的國家。

張儀從小就喜歡讀書，也學到了不少政治上和外交上的本事，口才很好。他到各國去遊說，自我推銷，但是都因為出身貧寒，總是不被人放在眼裡。後來，他聽說楚國的令尹昭陽正在招攬天下賢士做門客，就去投奔昭陽，並且也如願做了昭陽的門客。但是，張儀還來不及受到重用，到先遭到了一頓毒打。

這是怎麼回事呢？原來，有一天昭陽在大宴賓客之後，發現一塊心愛的玉璧不見了，這可是楚王所獎賞的，無故失蹤，昭陽又急又氣，這時，有人（大概平日早就看張儀不順眼）竟跟昭陽說，你看張儀那個傢伙，一副窮酸樣，玉璧該不會就是他偷的吧，昭陽看看張儀，也覺得他看起來很可疑，居然就叫人把他綁起來毒打，逼問是不是他偷了玉璧。張儀怎麼也不承認，昭陽看再打下去恐怕就要把張儀給活活打死了，這才恨恨的罷手。

張儀被抬回家，妻子看到他被打得皮開肉綻的慘狀，哭得死去活來。張儀就用虛弱的口氣安慰妻子，要她別難過，還要她看看自己的舌頭還在不在？妻子覺得奇怪，張儀就說：「只要舌頭還在，我就什麼也不怕。」

可不是，想當外交家，自然很需要舌頭啊。

等張儀的傷養好了以後，覺得在楚國待不下去，就跑到秦國去。這回他終於走運了，不但有機會見到秦王，而且在向秦王推銷了自己那一套「連橫」的策略之後，大受賞識，居然就這樣被秦惠王拜為相國。

楚懷王之前也風聞過昭陽家玉璧失竊事件，現在聽說張儀居然當了秦國的相國，很擔心張儀會不會慫恿秦王出兵攻打楚國來報仇，便想先一步和齊國聯盟，共同來對付秦國。

齊國和楚國都是大國，如果這兩個國家結盟，對秦國來說勢必就會成為一大威脅，因此，張儀在徵得秦王的同意之後，親自出馬要去暗中破壞齊楚兩國的結盟。

西元前三一三年，張儀來到楚國。在面見楚懷王之前，他先拜訪上官大夫靳尚。張儀知道靳尚是一個唯利是圖的小人，偏偏又是楚懷王相當寵信的大臣，便想先和靳尚打好關係，好讓靳尚屆時可以在楚懷王面前替自己多說些好話。

稍後，在楚懷王面前，張儀絲毫不提自己曾經在楚國受辱的事，只是非常誠懇的表示希望此行能促進秦楚兩國的友好。

楚懷王暗暗鬆了一口氣，便也高興的說，如果能跟秦國結盟友好，這也是楚國多年以來的願望。

張儀接著分析，在戰國七雄之中，實際上有實力的只有秦、楚、齊三國最強，而秦國是關鍵，如果秦國和齊國結盟，就會促進齊國強大，如果跟楚國結盟，就會促進楚國的強大，現在，秦國願意跟楚國結盟，但是有一個條件，那就是楚國必須先和齊國斷交。張儀還強調，只要楚國和齊國斷交，那麼，為了表示結盟的誠意，秦國將把商于之地（今天陝西南部和河南西南部一帶）六百里地歸還給楚國。

楚懷王一聽，馬上頭腦發熱，覺得跟齊國斷交是一個好主意。所有朝臣除了客卿陳軫和三閭大夫屈原強烈反對之外，也幾乎一面倒的統統都贊成和齊國斷交。當然，最贊成斷交的就是先前已經被張儀打點好的靳尚。

於是，楚懷王一面派使臣去跟齊國斷交，一面也派使臣跟隨張儀回到秦國，去辦理商于土地的移交手續。

為了討好秦國，表示自己和齊國斷交的意思很堅決，楚王還派人在齊楚邊境鬧事，引起了邊境的戰爭。齊國非常生氣，便聯繫秦國，約秦國一起去攻打楚國。與此同時，張儀自從偕楚國使臣一起回到秦國之後，便一直託病不肯與楚國的使臣見面，楚國的使臣急得要命，可也一直弄不清到底是怎麼回事。直到張儀知道齊國已派人來商談一起出兵楚國以後，才終於肯接見楚國使臣，並且要楚國使臣準備去接收原先說好的六里土地。

楚國使臣聽了，嚇了一大跳，明明原先說好的是六百里，怎麼一下子變成了區區六里？張儀卻堅持本來就是說六里，是楚國這裡聽錯了。

使臣急急忙忙趕回楚國報告。楚王發現上當，大為震怒，立刻發兵十萬去攻打秦國，但是秦國早有準備，再加上還有齊國來幫忙，結果楚軍大敗，漢中一帶土地就這樣全被秦國給奪去了。

接下來，張儀就不斷利用各國之間利益並不一致的現實，明白各國都不免會有自己的盤算，充分使出自己能說善道的本事，再加上連哄帶騙，把原先存在的「合縱抗秦」的局面一一瓦解。秦國的實力也就這樣一步一步獲得不斷的增強。七、八十年以後，秦王嬴政終於完成了統一中國的大業。

第18個

趙武靈王胡服騎射

戰國時代，每個國家都想盡辦法希望自己的國力增強；就算不是為了爭霸，也是為了生存。

在北方的趙國，圖強的辦法很特別；他們是從改變穿著開始。

這是趙武靈王想出來的點子。趙武靈王常常

這麼想著，我們的東邊有齊國、中山國，北邊有燕國和東胡，西邊有秦國、韓國和樓煩（古代一個部落），我們要是再不發憤圖強，隨時都會被人家給滅了……

所謂發憤圖強，說白了其實就是增強戰鬥力。

有什麼圖強的辦法是可以在短期之內就看出成效的呢？……

趙武靈王想呀想呀，終於有了一個好點子。他首先把臣子樓緩叫來，對樓緩說：「我覺得我們穿的長袍大褂，不管是幹活或是打仗的時候都很不方便，你看他們胡人都是短衣窄袖，腳上還套著皮靴，活動起來實在比我們要方便得多，所以，我打算仿照胡人的風俗，把我們的服裝改一改，你覺得怎麼樣？」

（趙武靈王所說的「胡人」，是泛指北方的少數民族。）

對此突發奇想，樓緩大概是不知道到底該贊成還是反對，拿不准該如何應對，只能不置可否。

趙武靈王又說：「除了穿著，我打算還要學胡人那樣騎馬射箭。」在趙武靈王的設想中，如果能夠學會騎馬射箭，用胡人的方式作戰，一定比只是傳統的步兵要強得多，再說馬兒若只用來拉車，似乎也太浪費了。

趙武靈王之所以會有這樣的構想，顯然是由於趙國的地理位置偏北，有機會觀察到胡人的習慣，所以才引發的靈感。

很快的，趙武靈王想要改變服裝的想法就傳開了，很多大臣都不以為然；理由無非是——明明是漢人，怎麼可以去穿胡人的服裝，這是不是有一點太不倫不類了啊？

有一個名叫肥義的大臣（居然有這樣的姓），倒是表示支持。肥義說：「要辦大事就不能猶豫，猶豫就辦不成大事。既然大王認為這樣會對國家有利，那就放手去做吧！」

趙武靈王聽了，非常高興。

第二天，上朝的時候，大臣們看到一個胡人坐在他們君王的位置上，都嚇了一大跳，等再看幾眼，發現這個「胡人」原來就是趙武靈王，大家都呆掉了。

更嚇人的是，趙武靈王宣布：「以後我們就這麼穿。」

大臣們紛紛表示強烈的反對。第二天，有的大臣乾脆就假裝生病不肯上朝了。其中有一個就是趙武靈王的叔父。

這位叔父向來德高望重，決心要改變穿著的趙武靈王就從這位叔父開始下功夫，反覆向他解釋胡服的好處，以及學會騎射之後提高戰鬥力的必要性。這樣過了一段時間，這位叔父終於不再反對。趙武靈王就高高興興的送了他一套胡服。第二天，這位年高德劭的長者就真的也彆彆扭扭的穿著胡服上朝。其他的臣子看了，也只好無奈的妥協跟進。

於是，趙武靈王就正式下了一道改革服裝的命令。過了不久，趙國舉國上下，不分男女老幼，不分貴賤，統統都穿起胡服來了。

很多人一開始當然都是覺得很不習慣，甚至是老大的不情願，但是，很快的大家就發現穿著胡服做起事來真的方便很多（而且反正是國人都這麼穿，大家都一樣，誰也不會笑話誰）。

接著，趙武靈王又要求士兵個個都要學習騎馬射箭。從此，趙國的士兵不再只是步兵，趙國的馬也不再只是拉車了。不到一年，趙國就擁有了一支騎兵隊伍。

西元前三〇五年，趙武靈王親自率領騎兵打敗鄰近的中山國，又收服了東胡和鄰近幾個部落。到了實行「胡服騎射」的第七年，林胡、樓煩也都拿下，趙國的國土比起過去真的擴大了不少。

第19個

屈原的故事

屈原（西元前340-280年），是偉大的愛國詩人，也是戰國時代一位傑出的政治家和思想家。他本名叫作屈平，「原」是他的字。

他本來是楚國的貴族，年輕的時候就已顯露出卓越的政治才能，再加上又有極高的文采，頗受楚王重用。在楚懷王的時候，做過「左徒」、「三閭大夫」。所謂「三閭大夫」，是負責掌管王族三姓的事務，有統領王族人員的意思，地位可以說是相當顯要，並且經常在楚王身邊，可以經常和楚王商討國事。如果是一般人，有這樣經常待在君王身邊的機會，一定會小心伺候著君王，讓君王開開心心，自己也就可以跟著吃香的、喝辣的，但是屈原的性格耿直，不會為了討好國君而講一些昧著良心的話，結果就因為這個緣故，竟然先後兩次遭到放逐（也就是被趕走的意思），被迫離開楚的國都郢（今天的湖北江陵縣）。

第一次是在楚懷王在位期間，屈原因為反對「親秦反齊」的外交政策，屢次直言勸諫，讓懷王非常惱怒，因此遭到放逐。被放逐的地點是在漢水上游，在都城郢都的北邊，相當於今天湖北鄖、襄一帶。屈原在外大概至少有四、五年，才得以回到郢，然而，這次的放逐一點也沒有讓他學到教訓，回來以後，他還是盡忠職守，一如既往。

當楚懷王接到來自秦國的消息，說秦昭襄王邀請懷王能到武關（今天陝西丹鳳縣東南）會面，舉行和談的時候，大臣們都普遍表示支持，認為這是秦表達善意的舉動，楚應該接受，尤其是公子子蘭更是幾乎舉雙手贊成，只有屈原強烈反對。

在此之前，楚國和秦國交鋒，已經連續兩次吃了敗仗，所以大家都有一個幻想，以為走和談之路就可徹底弭平戰爭。其實在秦昭襄王即位以後，就計畫對楚採取打打談談的策略，或許是出於對和平的渴望，使得大家都一廂情願的拚命站在秦的立場，深信秦的善意，只有屈原看出秦的所謂和談不會有誠意，因此獨排眾議，認為懷王不應該接受邀請，以免遭到危險。

可是，屈原孤掌難鳴，他的意見沒有得到認可，楚懷王還是啟程了。

楚懷王才剛踏進武關，才剛剛進入秦的領土，昭襄王就派兵截了他的後路，然後把楚懷王押送到秦國都城咸陽。接著，昭襄王逼迫懷王割地，懷王不肯，昭襄王就把他軟禁起來。到這個時候，懷王才恍然大悟原來這就是昭襄王之前所說的「和談」，後悔莫及，懊惱自己當初為什麼不肯相信屈原的判斷，為什麼不肯聽屈原的忠告！

懷王就這樣在被軟禁了一年多以後，死在他鄉。噩耗傳來，屈原悲憤莫名，既痛恨秦昭襄王的奸詐陰險，也大嘆楚懷王的昏庸，不能聽從他苦口婆心的勸諫。他把這種種激烈的感情統統都發抒在〈招魂〉一詩當中。

屈原對公子子蘭等人，也就是當初支持楚懷王入秦的人也非常埋怨，認為都是他們害死了懷王，這麼一來，屈原又得罪了一大堆權貴。

楚懷王還被扣留在秦國的時候，楚國就已立太子橫為新的國君，就是楚頃襄王。頃襄王和懷王一樣的糊塗，既缺乏主見，又缺乏判斷力，還只顧自己吃喝玩樂，根本不過問政事，國家大事幾乎都掌握在令尹子蘭等人的手中。

眼看國事如麻，整個國家愈來愈混亂，屈原憂心如焚，連續上了幾封言詞懇切的奏章，希望頃襄王能夠趕快振作起來。屈原甚至還明白表示，希望國君能夠遠離小人，啟用賢人，這樣才能使國家強大，早日為懷王報仇雪恨。

不用說，這些奏章統統都到了子蘭等人的手上，他們自然都氣壞了。於是，屈原再度遭到放逐，這一回，他被趕得更遠；楚國的南疆在今天湖北省南部和湖南省北部一帶，當時都是相當荒涼的，可是子蘭等人卻硬是狠心把屈原趕到了江南，這一次屈原就離都城郢都更遠了！

流放期間，屈原有了更多接觸百姓的機會，當他看到百姓的生活是那麼困苦的時候，彷彿忘記自己的不幸，而對百姓表達誠摯的關心和同情。這個時期，屈原寫出了更優秀的詩歌，像〈九歌〉、〈九章〉等傳世詩篇，都是在這個時候所寫的。

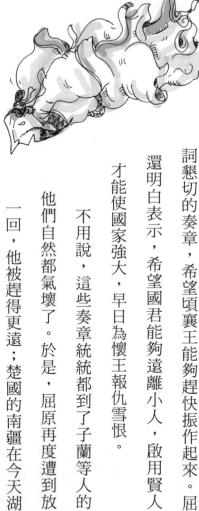

不過，儘管已是二度遭到放逐，屈原的內心仍然沒有放棄希望，仍然關心國家，關心頃襄王，期盼頃襄王能早日把他叫回去共同奮鬥。

屈原等呀等呀，可是，他最後等到的消息卻是——秦國大將白起帶兵攻打楚國，占領了楚國的國都郢都，楚國已到了朝不保夕的地步！

屈原痛哭。他不願意看到楚國淪亡，便在農曆五月初五這一天，投汨羅江而死。他的死意非常堅決，因為他在投河的時候還抱了一塊大石頭。

屈原的歷史意義是多方面的。首先，在政治上，他雖然遭到兩次流放，卻都默默接受，始終不曾離開楚國，這種忠君愛國的氣節是非常可敬的；同時，他也並不是

愚忠，他一直希望能夠善盡一個臣子盡心輔佐國君的本分，看到國君即將犯錯，他會直言相諫，即使是犧牲自己個人的利益也在所不惜，而當國君被小人所左右的時候，他也會表現出非常真實的怨憤，還有一種類似「恨鐵不成鋼」的焦慮，可以說他又是把國家利益置於國君的尊嚴之上。在封建時代能夠有這樣的思想，並且還能夠身體力行，確實是非常進步和勇敢的。

其次，屈原在文學藝術上的成就也是不凡的，他所留下的《離騷》等二十多篇作品，是中國文學史上寶貴的遺產，對日後辭賦的發展以及駢儷文的形成都產生了積極的推動。

屈原死了，可是他的精神卻一直流傳下來，而且一直到現在，其實他還活在我們的生活之中；大家都知道，每年端午節就是為了紀念這位不凡的愛國詩人。

第20個

長平之戰

西元前二六二年，秦相范睢派兵把韓國的野王（今天河南沁陽）打了下來，這麼一來，就形同把韓國攔腰斬斷，一邊是韓國本土，另一邊則只有一個孤零零的上黨郡（今天山西長治）。

韓桓惠王大為驚恐，想乾脆把上黨給秦國，跟秦國講和算了。上黨郡的

郡守馮亭卻獻上一條計策，說不如把上黨送給鄰近的趙國，這樣秦軍就會轉而去對付趙國，而趙國因為得到韓國的贈地，也會與韓國交好，而共同來對付秦國。

這一招果然奏效。趙孝成王大概是有點占小便宜的心態，聽說韓國要把上黨送給趙國，還很高興，立刻派出軍隊去接收，但是秦昭王卻很生氣，因為打下野王之後，要再拿下上黨本來是輕而易舉的事，韓國要送土地當然應該是送給秦國，怎麼會送給趙國！而趙國居然也敢要？於是馬上派出大將王齕領軍去攻打上黨。駐守在上黨的趙軍抵擋不了秦軍，只好趕快先退到長平（今天山西高平西北）駐紮下來。（可見真的不能平白無故接受別人的禮物啊！）

趙王派出老將軍廉頗帶領著大隊人馬趕到長平支援。廉頗曾向趙相藺相如「負荊請罪」，和藺相如一文一武同是趙國的棟梁，他身經百戰，看到強大的秦軍，立刻下令築壘堅守，拒不出戰，要採取以逸待勞的戰略，把遠道而來、補給不易的秦軍給拖垮。這一招本來是滿聰明的，把秦國給急壞了，但是秦國畢竟也很有能耐，雙方居然就這樣對峙了三年。

在這三年之中，秦軍進也不是，退也不是，完全被趙軍牽制住。這時，秦相范睢想出一條毒計，派人用金銀珠寶買通了趙王身邊的小人，拚命說廉頗的壞話，說什麼廉頗已經太老了啦，膽子變小了啦，打不動也不敢打了啦，不如派出青年將領趙括出戰，否則根本不可能取勝。

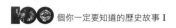

廉頗在長平那麼有耐性的一守就是三年，性急的趙王本來心裡就已經有些嘀咕，被小人這樣一挑撥，對廉頗的信心大為動搖，竟然真的打算要用趙括來取代廉頗。

范睢實在很厲害，不但善於打心理戰，情報工作也做得很好。為什麼一方面挑撥趙王和廉頗的關係，一方面還要向趙王「推薦」趙括呢？這是因為他們知道只要把廉頗調走，換上趙括來領軍，他們就贏定了。

趙括是誰？他是趙國另一位大將趙奢的兒子，年輕的時候就已經熟讀兵書，即使是和父親在一起談論用兵之道，也總是講得頭頭是道，不少人都很誇獎趙括，趙奢自己對這個兒子卻並不欣賞，還曾經跟妻子說：「一般人都希望兒子受到重用，我卻不這麼希望；帶兵打仗是很嚴肅的事，可是他卻看得太容易，只會空談，將來如果讓他當上了將軍，他會害死我們趙國的！」

現在聽說兒子即將受到重用，居然還要取代名將廉頗，趙括的母親真是心急如焚。

因為在這個時候趙奢已經過世，她想起丈夫生前對兒子的評價，馬上就聯想到萬一趙括在戰場上失利，那對趙家來說一定是大難臨頭，於是就上書給趙王，請趙王不要重用趙括，還說如果一定要用，若是趙括犯了什麼過錯，請趙王不要遷怒趙家（真的是對趙括很沒有信心啊）。

丞相藺相如也極力勸諫，說趙括只是熟讀兵書而已，可是實際作戰經驗明顯不足，實在不適合出任統帥。可是，趙王心意已決，不管藺相如再怎麼勸，他都聽不進去。

西元前二六〇年，趙王召回廉頗，讓趙括擔任統帥。

趙括得意洋洋的走馬上任，一上任就撤換一大批不服他的將領，並且立即改變廉頗的作戰方針。心浮氣躁的趙括，一心想趕快打個大勝仗，好讓大家刮目相看，也好報答趙王的知遇之恩。

而在秦國這裡，見趙括果然當上了統帥，非常高興，也馬上做了人事調整，派出大將白起擔任上將，改任王齕擔任偏將，又增派大量援兵，準備收拾趙軍。

白起知道趙括年輕氣盛，驕傲輕敵，於是採用誘敵深入的計策，故意先打幾個敗仗，然後迅速撤退。趙括果然中計，率軍一路猛追，完全沒有想到此時白起已經用兩支精兵，從側面迂迴繞到趙括的身後，把趙軍的營壘截開，使趙括無法回營。

另一方面又派出五萬精兵猛攻趙軍的大營。這麼一來，趙軍這裡在遭到秦軍猛烈攻擊的時候，偏偏主將還在外面，群龍無首，慌亂不堪，廉頗守了三年的長平大營很快就被秦軍給攻破了。

接著，白起又派軍把趙括領頭的那支軍隊團團圍住，一圍就是四十多天，毫無補給，軍營中甚至還發生了人吃人的慘劇。趙括多次下令組織部隊想要殺出一條血路，但是都失敗了。

最後，趙括沒有辦法，只好親自率兵想要強行突圍，結果剛一出陣，就被秦軍的亂箭給射死。

戰爭結果，趙軍大敗。但是，投降的四十萬俘虜成了白起要解決的一大難題，光是要準備讓這麼多俘虜吃的糧食就很令人頭疼啊。結果，白起狠下心，除了特別年幼的兩百多人以外，其餘的降卒竟然都在一夜之間全部被活埋！

長平之戰是戰國時期規模最大的一次戰爭。這也是成語「紙上談兵」的典故。趙國這一次損失慘重，從此再也沒有能力與秦國相抗衡，而秦國則已經顯露出統一天下的趨勢。

第21個

中國歷史上第一個皇帝——秦始皇

你知道「皇帝」這個詞有多久的歷史了嗎？你有沒有注意到，目前為止，從堯舜時代一直到春秋戰國，我們還不曾稱哪一個君王為「皇帝」？這是因為「皇帝」一詞是秦王嬴政所創的，他在西元前二二一年結束了將近五百年兵荒馬亂的春秋戰國時代，建立了一個空前龐大和統一的帝國，這就是秦朝，然後就自稱皇帝（所以這個名詞的歷史已超過了兩千兩百年），同時，因為他是有史以來第一個皇帝，所以又稱為「始皇帝」（「始」就是「事情的開頭」啊），後世則都習慣稱他為「秦始皇」。

秦始皇姓嬴，名叫政，是秦莊襄王之子，秦孝公之後第六任秦王。秦國地處關中涇水渭水流域，如果想要向東發展有居高臨下的優勢，但秦國的政治、經濟和軍事向來都比較落後，在春秋時代，秦總是被中原諸侯排斥在會盟之外，被視為戎、狄，當時秦穆公確實也只能稱霸西戎，向東發展則受到晉國的阻擋。戰國初期，魏文侯首先變法，一度稱霸諸侯，還向西發展，侵奪秦國河西之地，使秦國的安全備受威脅，國家地位比起春秋時代還要更不理想。等到秦孝公即位，發憤圖強，決心要改變弱國的地位，於是重用商鞅。在中國歷史上，商鞅變法是難得取得了徹底成功的例子，在他第一次變法之後，十年之間，秦的整個社會乃至國力就都發生了急遽的變化。「向東發展、征服六國」，可說是秦國幾代君王共同努力的大業，但是最後是在秦始皇的手上完成的。

秦莊襄王在位的時間很短，只做了三年就與世長辭。他的父親秦孝文王在位時間更短；秦孝文王做了幾十年的太子，沒想到登上王位僅僅三天就過世了。就是由於前面一連兩任君王的任期都這麼短，嬴政即秦國王位的時候年僅十三歲，「大權旁落」遂不可避免；當時的政務均由母親趙太后和相國呂不韋來處理。

呂不韋是一個心機很深的人，當初秦莊襄王之所以能夠坐上王位，幾乎可以說全是他一手操作。在莊襄王死後，呂不韋看趙太后孤身一人，便投其所好，找了一個叫作嫪毒的人，讓他假冒宦官，混進宮中，陪伴趙太后。不久，嫪毒因為深得趙太后的喜愛，逐漸把持了政務，朝中官員也都紛紛爭相巴結，依靠他的賓客達到一千多人，慢慢形成一股不可小看的政治力量。

西元前二三八年四月，按照秦國制度，年滿二十二歲的嬴政在秦故都雍城的新年宮舉行冠禮，正式親政。就在前一年，呂不韋和嫪毐這兩大政治勢力都做了一些舉動來向嬴政示威；嫪毐分土示威，呂不韋則是將門下賓客三千人共同完成的《呂氏春秋》掛在城門前讓人糾錯，說只要有人能在書中增一字或減一字，就賞賜千金（相當於黃金一斤）。這就是成語「一字千金」的典故。

這些充滿挑釁的舉動，年輕的嬴政都看在眼裡，但是都不動聲色。他要按部就班的解決。

他首先解決嫪毐。就在嬴政舉行冠禮當天，嫪毐乘機發動暴亂，但是嬴政早有戒備，不但立刻命昌平君等人率軍鎮壓，還活捉了嫪毐。五個月以後，嫪毐被殘忍處死，誅滅三族，此外，嬴政還殺了嫪毐和趙太后的兩個私生子，至此，以嫪毐為首的后黨集團完全被消滅。

嬴政要解決呂不韋倒是又多等了一年。本來嬴政可以利用嫪毐事件乘機一併剷除呂不韋的勢力，畢竟當初是呂不韋把嫪毐送進宮中的，但是呂不韋畢竟輔佐過先王登基，這是眾所周知的事，呂不韋在秦國的根基又很深，嬴政覺得如果操之過急或許容易壞事，因此，即使他對呂不韋十分厭惡，還是沉住氣又等了一年，直到自覺已經完全站穩腳跟的時候，才一舉免除了呂不韋相國的職位，並且把他轟出首都咸陽。

這還沒結束。接下來，嬴政聽說呂不韋遷居封邑洛陽之後，關東六國君主居然還頻繁的派人去洛陽探望他，嬴政很不高興，同時也擔心萬一呂不韋跟六國暗中合作將會對秦國不利，於是，就在把呂不韋趕出咸陽兩年以後，嬴政逼死了呂不韋。在呂不韋服毒自盡以後，嬴政還嚴懲了他的家人和賓客。

嬴政繼承王位的時候，在戰國七雄中，秦國無論是在經濟、軍事或是地理位置上，都已具備了統一六國的條件，於是，在徹底消滅嫪毐和呂不韋這兩大有礙君權的勢力以後，嬴政把軍政大權集於一身，任用李斯、尉繚、王翦等人，加緊進行統一戰爭。

在積極備戰的同時，嬴政也採納尉繚的建議，先用重金拆散六國的聯合，這樣才便於各個擊破。從西元前二三〇年消滅韓國開始，一直到西元前二二一年，嬴政花了十年的時間，陸續滅魏、滅楚、滅趙、滅燕，最後是滅齊，終於兼併了六國，建立了中國歷史上第一個統一的中央集權封建國家，這就是秦王朝。並且把全國分為三十六郡，郡下再設縣。地方官都由中央任免，結束了過去諸侯分封政治的局面。

在滅燕之前，還發生了一件對嬴政來說是驚心動魄的事。西元前二二七年，在燕國太子丹的策畫下，荊軻面見嬴政，先獻上流亡在燕國的秦國叛將樊於期的腦袋，再獻上燕國督亢的地圖，嬴政饒富興味的看著地圖，萬萬想不到等到地圖全部一展開，卻赫然看見一把匕首！嬴政的反應很快，馬上就驚得跳了起來！——這就是成語「圖窮匕見」的典故；「窮」在這裡是「盡」的意思。

荊軻連忙抓起匕首向嬴政的胸口直刺了過去，但是被嬴政閃躲開，接著，荊軻和嬴政就在大殿之上追逐，情勢十分緊張。或許是因為嬴政這個時候三十二歲，正值壯年，在躲開了第一擊之後，其實

荊軻的機會就已經不大了。

這大概是歷史上最有名的一次行刺事件，後來，刺客荊軻先被嬴政砍斷左腿，再被趕上大殿的武士所殺。荊軻此行在出發前的臨水作歌——「風蕭蕭兮易水寒，壯士一去兮不復還。」也成了千古絕唱。

統一天下以後，嬴政以秦國制度為藍本，在政治、經濟、文化等各個領域都展開一系列的整頓和改革。他是一個格局很大的人；光從「皇帝」一詞的構想就可以想見他有多麼的大氣，原來，「皇帝」一詞是表示「功蓋五帝，地過三王」，既象徵一種宏大的新氣象，也象徵要與舊時代徹底告別。皇帝在與臣子說話的時候自稱「朕」，這也是秦始皇的「發明」，顯示絕對的權威。

再看看他的諸多舉措，譬如確立土地私有，統一法律、文字、貨幣和度量衡；修築通向全國的交通大道，稱為「馳道」；從京師西北修建一條通往邊地的直道；在西南築五尺道連接今天的四川、雲南、貴州，加強對地方的控制；再加上築長城、建宮室、修皇陵，以及防禦匈奴、南戍五嶺、撫定百越，連年用兵……或許就是因為秦始皇實在是太大氣了，以至於經常役使的民力總在兩百萬左右，是當時全國總人口的百分之十！這個比例是相當驚人的，老百姓都苦不堪言，這也埋下了後來在他去世當年就爆發大規模反秦起義的種子，不久，本來秦始皇信心滿滿將能傳之無窮的秦王朝，僅僅十五年就滅亡了。

不過，儘管對於人民來說，秦政是非常暴虐的，秦的壽命也很短暫，但是秦始皇所創立的制度，在中國推行卻長達兩千一百年之久。

第22個

萬里長城

長城並不是從秦始皇的時候開始修築的，它起源於春秋戰國時期，是諸侯國之間拓展領土、發動兼併戰爭之下的產物。此外，燕、趙、秦三國由於地處邊陲，比其他國家更容易受到匈奴、東胡等游牧民族的侵擾，所以相繼在北部邊境修築了長城。秦始皇統一六國以後，把內地大部分的長城

拆除，保留了邊境的長城並且加以增修，可以說後來的萬里長城就是在戰國時代燕、趙、秦三國原有的基礎之上修建起來的。

匈奴大約是從戰國時代中期就開始強大起來，匈奴貴族時常南下侵掠，並趁著後來地處北方的燕國、趙國逐漸衰弱的時候，奪去了黃河河套地區的大片土地。這種匈奴肆虐的情況一直到秦始皇統一六國以後都沒有改變，對秦王朝也構成了極大的威脅，秦始皇必須設法處理這個棘手的問題。

秦始皇從兩方面來設法解決。首先，西元前二一五年，秦始皇派大將蒙恬率兵三十萬討伐匈奴，將匈奴趕到陰山以北，收回了河套失地，並且在這裡設置了三十四個縣，重設九原郡，修築了幾十座城堡作為防禦工事，還從內地移民三萬到這裡來戍守墾荒。

為了鞏固北方邊境，蒙恬和另外一個大將率兵渡過黃河，占據陰山。在據守陰山一帶的時候，蒙恬還率領軍民對過去戰國時期趙國的舊長城（沿著黃河一線）進行了修補。接下來，秦始皇為了防備匈奴再次入侵，決定要修築一條新的長城。

西元前二一三年，長城修築工程全面展開。這條長城東西長達萬里，所以俗稱萬里長城。長城沿線地勢十分險峻，就算是在今日，也不會是一項小工程，想想看，在兩千多年以前從事這樣的工程有多麼艱鉅！到處都在開山鑿石，大批的百姓被迫送到這裡來，大批的糧草也從遙遠的內地不斷的往這裡送，為了修築萬里長城，秦王朝動員了整個國家大部分的人力和物力。

他們充分利用原有的自然基礎，根據地形來修築，有的地方甚至是建在一千三百公尺的高山之上，城牆本身的高度則從五公尺到十公尺不等，一方面把原有的舊長城連綴起來，並加以修補，另一方面也建造了不少新的城牆，總之，其中所表現出來的智慧是非常令人讚嘆的。這樣經過了整整九年，氣勢恢弘的萬里長城終於竣工，西起臨洮，東至遼東，沿著陰山山脈，

行經內蒙古草原，一直蜿蜒到大海。

長城完工以後，秦始皇就派了大軍在長城沿線駐守，有效阻扼了匈奴的入侵。

客觀來看，萬里長城的修築，對於百姓而言當然是極為痛苦的；「孟姜女哭倒長城」的民間傳說就是在這樣的基礎之上所孕育而生。但是，萬里長城的修築完成其實還是有著相當積極的正面意義：以短期來說，保護了北疆人民的生活和農業生產；以長期來說，則是鞏固了中華民族今後將以漢族為主體的發展脈絡。

第23個

焚書坑儒

在春秋戰國時代，儘管戰事頻仍，社會動盪，文化的發展卻非常繁榮。秦始皇統一六國，結束了戰亂，然而統一之後不久（八年以後）竟然發生了「焚書坑儒」事件，是一場空前的文化浩劫。

這個慘案到底是怎麼發生的呢？

統一天下之初，秦始皇派人從六國宮廷和民間蒐集了大量的古典文獻，還徵召了七十多位博學的老者，授予博士的官職，在博士官下，又設了兩千多名諸生，讓他們負責整理文獻，把不利於封建專制政權的書籍剔除出去。一開始，秦始皇對於他們還算是相當禮遇的。

本來，秦朝建立之初，王室的子弟不再封王，功臣也不再封為諸侯，是希望能避免過去戰國時期諸侯國之間總是互相攻伐的覆轍，然而，這些博士因為大多信奉儒家思想，推崇周禮，讚賞分封，因此對新建的專制政權很不習慣，也很不以為然。

西元前二一三年，博士淳于越向秦始皇建議「廢郡縣，立分封」，理由是現在的體制，中央權力過度集中，一旦有權臣專政，皇帝就會孤立無援，所以認為還是應該像商朝和周朝那樣分封子弟，必要的時候就可以輔助皇上。

秦始皇把淳于越的建議交給群臣去研究討論。丞相李斯認為淳于越的建議十分荒謬，因為那不是等於又要走回戰國時代的老路了嗎？於是便上書秦始皇，對於淳于越等這一類的看法表示了強烈的不滿。李斯認為，過去就是因為天下思想混亂，各人為了吹捧自己的學說，甚至不惜毀謗國家所建立的法令制度，所以諸侯才會一同興起，現在既然皇上統一了天下，就表示明確了是非，然而各派私學卻仍然以古非今，以自己的觀點來議論時政，用標新立異來表現自己的高明，這種情況如果再不加以禁止，皇上的威望就會降低……總之，李斯認為那些儒生的復古觀點只會擾亂人民的思想，不利於皇帝的統治。

於是，秦始皇接受李斯的建議，採取了一系列嚴酷的文化專制措施，包括除了秦國的歷史典籍、博士官所掌管研究的一套書，以及農、醫、求神問卜之書以外，其他私藏所有的《詩》、《書》和諸子百家典籍全部燒毀；以後有敢於談論《詩》、《書》的一律問斬；以古非今的人連族誅滅；官吏知情不報的，治以同罪；最後，在這個命令頒布之後如果過了三十天還沒有照辦的，將在臉上刺字並發配邊疆去做苦役。

命令頒布之後第二天，首都咸陽就燃起了焚書的熊熊烈火。

然而，那些懷有復古思想的舊貴族文人儘管再也不敢公開發表任何以古非今的言論，可是依舊在政府機關掌管著文化事業，秦始皇擔心他們難免不時仍會散布一些不利於專制統治的言論，已經有了要進一步整肅的想法，再加上又發生方士尋找仙藥卻一去不回的事件，（「方士」就是那些研究神仙之術的人），秦始皇大發雷霆，派人搜捕可疑的諸生進行拷問，儒生們互相牽連，結果觸犯禁令的儒生竟高達四百六十多人！

這四百多人都被活埋在咸陽城外的大坑中。

慘劇到此還沒有結束。不久，入冬以後，秦始皇派人假裝在驪山上種瓜結出了果實，請諸生前去觀看，實際上是早就叫人在暗中挖了一個大坑等著。這一次，又有七百多人遇難。

後來在二世統治時期，也發生過坑儒事件。

「焚書坑儒」沉重打擊了儒家學派和廣大的知識分子，也是對文化嚴重的摧殘，造成了永遠不可彌補的損失。

第24個

沙丘政變

秦始皇建立了中央集權制度，凡事獨斷。他任用宦官掌管皇帝車馬，並管理符璽和中央樞密文書檔案，開了一個宦官攬權的惡例。從此，宦官制度就成為集權政治中一個毒瘤，始終無法割除。

中國歷史上第一個弄權的大宦官，就是秦朝的趙高，後來，趙高導演了沙丘政變，直接改寫了秦王朝的歷史。

趙高原本是趙國貴族，因為受父親犯罪的牽連，和兄弟一起全部遭到

「宮刑」為宦官（「宮刑」就是閹割）。趙高因為精通獄法，被秦始皇收入宮中。後來，趙高依附秦始皇少子胡亥，為他講授獄法，頗為得寵，升任中車府令，兼行符璽令，常侍從始皇。

秦始皇稱皇帝後在位十二年，出巡全國五次，目的在於示強威，鎮海內（也有很多人相信同時也是為了要尋找長生不老的仙藥）。秦始皇三十七年（西元前210年），秦始皇南巡至會稽，祭大禹，七月返至平原津的時候，臥病不起，不久，來到巨鹿郡沙丘行宮的時候病死，享年五十歲。沙丘行宮的遺址在今天河北平鄉縣東北。

秦始皇嚥下最後一口氣的時候，隨行人員中只有公子胡亥、丞相李斯、趙高以及五、六個親信的宦官知道，其他人都不知道。由於秦始皇之前還沒有正式立太子，也就是還沒有正式確定皇位繼承人，李斯擔心萬一秦始皇死亡的消息一傳出，會人心不安，因此就密不發喪，將秦始皇的屍體放在一輛既保暖又通風的車子裡，每天還是照常派人送水送飯，隨行官員也每天照常奏事，由宦官代為裁決。由於正值七月，天氣酷熱，秦始皇的屍體很快就已發出臭味，李斯還派人火速買了幾車的醃魚乾混在車隊中來混淆臭味。

秦始皇在病重的時候，曾命趙高寫信給公子扶蘇（秦始皇的長子），叫扶蘇把軍隊交給蒙恬，然後趕快趕到沙丘，護送秦始皇的靈柩回咸陽安葬。可是，書信寫好，還沒來得及交給信使，秦始皇就去世了，所以書信和皇帝印璽都在趙高的手裡。現在，趙高眼看李斯如此煞費苦心的安排，認為有機可乘，便與胡亥商量，先說服了胡亥以後，兩人一起夜訪李斯，慫恿李斯一起竄改秦始皇的遺詔，共同奪權。

李斯聽到趙高如此大逆不道的建議，非常震驚，並不願意，但是趙高緊接著利用李斯早就與蒙恬在暗中較勁、早就妒忌蒙恬的心理，假裝好意的為李斯分析，說一旦扶蘇即位，此刻正在扶蘇身邊的蒙恬一定會得勢，到那個時候就不會有李斯的位置……李斯出於私欲，居然就這樣一念之差，上了趙高的賊船。

於是，趙高、胡亥和李斯三個人一起竄改秦始皇的遺詔，立胡亥為太子。還擬了一封假詔書給扶蘇，把扶蘇大罵一頓，說他監軍北方毫無成績，為人子又不孝，命令他立刻自殺，同時也把蒙恬賜死。這封假詔書一發出，他們就日夜兼程一路趕回咸陽。等他們回到京城的時候，扶蘇自盡的消息剛好也傳了回來。蒙恬不肯自殺，被抓了起來（後來，他還是被害死了）。

扶蘇真是一個老實人，接到假遺詔，當然是覺得青天霹靂，但是，還是哭著準備要乖乖自殺。蒙恬強烈懷疑這封詔書的真實性，急著對扶蘇說：「陛下派我率兵三十萬鎮守邊疆，公子監兵，這是天下重任，現在陛下外出，朝中還沒有立下太子，突然來了一個使者，您就要自殺，誰知道這其中會不會有詐？您還是先再請示一下吧！」

扶蘇大哭：「父親賜兒子死，做兒子的怎麼還能夠去請示？」他就這樣糊里糊塗的死了。

胡亥即位，為秦二世皇帝。趙高因為擁立有功，當了郎中令，直接控制宮廷禁衛軍。

秦始皇有二十多個兒子，胡亥是小兒子，居然當上了皇帝，宗室大臣都很不服。在一連串的政治鬥爭之後，二世把二十多個兄弟姊妹，以及原來在秦始皇身邊的近侍小臣統統都殺了。此外，秦始皇修阿房宮和建驪山陵，動員七十萬民工，已經引起天下騷動，人民困苦不堪，秦始皇去世的時候，這兩大工程都還沒有完工，二世以「子不改父道」為名（其實是想用秦始皇來鎮住天下），更大規模的加緊趕工，又增派北方戍守士兵，如此沉重的徭役，使全國百姓都在崩潰邊緣。

二世對趙高言聽計從，趙高又詭計多端，很快的，趙高掌握了大權，這種情況讓李斯愈來愈感到不安，而趙高也不可能再容得下李斯。終於，李斯也被趙高害死了。

害死李斯之後，趙高當了丞相。因為他是宦官，能出入宮禁，人稱「中丞相」。但是，趙高仍不滿足，竟然開始覬覦皇位了！

為了弄清楚滿朝文武大官哪些人可能會成為自己的阻力，在秦二世三年（西元前207年）八月的一天，趙高上朝的時候說要獻給二世一匹千里馬，可是卻牽來一頭鹿。二世笑著說：「這怎麼會是千里馬？這明明是一頭鹿嘛！」這時，趙高就轉向滿朝大臣，認真的詢問大家這到底是鹿還是馬？結果，大多數人都說這是一匹馬。二世頭腦簡單，還真的以為是自己看花了眼。這就是有名的「指鹿為馬」的鬧劇。

當然，接下來，那些說是鹿的朝臣都一一受到了趙高的迫害。

不久，趙高認為時機成熟，要逼二世自殺。二世苦苦哀求，到最後說只要饒他不死，讓他當一個普通老百姓都可以，可是心狠手辣的趙高仍然不同意，一定要二世死。

二世死後，趙高把皇帝玉璽佩在身上，坐到了龍椅上，儘管文武百官都敢怒不敢言，可是趙高卻忽然覺得這個龍椅坐起來也還是怪怪的，心裡不踏實，便改變主意，決定還是扶立秦始皇的一個堂弟子嬰為繼承人，但是趙高以山東土地已非秦所有為理由（當時全國各地都有頻繁的反秦起義活動），認為秦國不能再稱皇帝，只能稱秦王。趙高以為這樣就比較好控制子嬰。

子嬰知道趙高為人陰險，手段毒辣，託病不就位，暗示要趙高親自去請他。趙高因為急著要子嬰即位，沒有多想，以為子嬰只是擺擺架子，結果，他一來到子嬰家，就被殺了。

秦王子嬰殺了趙高，即秦王位。但是他只當了四十六天的秦王，劉邦就來到關中。子嬰投降，秦朝就這樣滅亡了。

第25個

陳勝揭竿起義

陳勝，陽城（今天河南登封東南）人。秦朝的時候是一個雇農，哪一年出生已不可考，但是歷史卻明確記載著他是在哪一年死的。本來像他這樣出身貧寒的小人物，何止幾千幾百萬，他怎麼會在歷史上留下了特別的印記呢？這是因為這個小人物在秦末做了一件轟轟烈烈的大事。

雖然是雇農，陳勝從小就胸懷大志，有一次，他跟其他的長工一起耕種，當大家坐在田埂邊休息的時候，聊得一高興，陳勝說：「苟富貴，勿相忘。」意思是說，如果有一天我發達了，我不會忘了老朋友的！大家一聽，都大笑，有人立刻取笑道：「算了吧，說什麼傻話，你跟我們一樣也只不過是一個種田的，而且還是幫著人家種，連鋤頭和犁耙都不是自己的，還有什麼好發達的啊！」

陳勝嘆了一口氣，說了一句非常有名的話：「燕雀安知鴻鵠之志哉？」

「鴻」是一種比雁還要大的水鳥，「鵠」是天鵝，樣子有一點像雁，但是比雁還要大一點，總之，「鴻」和「鵠」都是體積比較大，飛得也比較高的鳥，而燕雀則都是需要築巢，甚至需要躲在屋簷下的小鳥；陳勝把「燕雀」比喻成同伴，並用「鴻鵠」來比喻自己；燕雀怎麼能夠理解鴻鵠想在天空遨翔的壯志呢？

以一個雇農來說，能夠說得出如此氣派的話，確實是相當不凡。

秦二世元年（西元前209年）七月，陽城的地方官押著九百名民夫要去防守漁陽。陳勝也是這九百名民夫之一。行進間，他結識了一個人，名叫吳廣，兩人很談得來。不久，兩人都被指定為屯長。

他們日夜兼程，拚命趕路。當隊伍行駐在大澤鄉（今天安徽宿縣東南劉村集）的時候，一連幾天都是滂沱大雨，阻礙了他們前進。眼看行程被耽誤得愈來愈嚴重，距漁陽卻還有遙遙幾千里，大家都急得不得了！因為，秦朝的法律非常嚴酷，如果不能在指定的時間之內準時抵達，就算是有再充分的理由也逃不了腦袋搬家的命運。

這時，陳勝當機立斷，有了一個決定——反正是死定了，乾脆起義吧！

他先偷偷跟吳廣商量（可見兩人有多要好，陳勝有多信賴吳廣，也難怪後來在歷史上他們兩個人的名字經常都是聯繫在一起）。吳廣本來還有一點怕，他想逃走算了。陳勝不贊成，陳勝說，開小差的話，如果被抓回來也是死路一條，不如放手一搏，或許還能殺出一番生路！陳勝並且分析，「天下苦秦久矣」，意思是說，秦的暴政，天下老百姓早就已經有很深的怨言了！陳勝相信，只要他們登高一呼，反抗秦朝，附和的人一定會很多，因為，這是天下老百姓的心聲！

吳廣被陳勝說服了，兩人決定起義。不過，他們並不是一時大腦發昏，就這樣隨隨便便的起義，為了把這九百名民夫組織團結起來，他們還設計了兩個計謀。

首先，他們拿了一塊白綢布，用朱砂在上面寫著「陳勝王」三個大字，然後乘機偷偷塞在伙夫買回來的一條魚的肚子裡，這樣，當伙夫剖開魚肚，發現白綢布，看清「陳勝王」三個字的時候，大吃一驚。消息立刻傳開，大家都開始以一種十分崇敬的眼光看著陳勝，覺得他是被老天爺選中注定要當王的。

第二招更絕。當天晚上，大家驚駭的發現，附近草叢裡不斷閃爍著忽明忽暗的鬼火，同時好像還可以聽見狐狸的叫聲（不知道是誰說那是狐狸在叫？又是誰在學狐狸叫？）狐狸叫什麼呢？反反覆覆一直叫著「大楚興，陳勝王，大楚興，陳勝王……」為什麼是「大楚興」呢？這是因為陳勝已計畫要用公子扶蘇和楚將項燕的名義來號召天下。

針對當時非常迷信的時代氛圍，這兩招可以說是非常厲害，迅速在大家的心裡發酵。

終於，陳勝和吳廣先把地方官殺死，然後把全部的人集合起來，陳勝發表了一篇十分激勵人心的宣言。陳勝說：「弟兄們，我們遇到大雨，已不可能如期趕到漁陽，按規定都會被處死，就算勉強饒我們不死，還是會叫我們去駐守邊防，可是那些駐守邊防的人，十有八九也都是會死的。依我看，反正都是一個死，死也要死出個名堂，那些王侯將相難道都是天生的嗎？」

最後一句「王侯將相寧有種乎？」——發出了嚴厲的質問——「難道那些王侯將相天生就該騎在我們的頭上？」真是問得慷慨激昂，擲地有聲，也問進了每一個人的心坎裡去！當時，宗法制度已經執行了幾百年，社會普遍都已接受了王侯將相、市井小民都是天生的這樣的觀念，所以陳勝才需要藉著一些故弄玄虛的手段，來增加自己起事的正當性，可是從這一句話，卻還是充分流露出陳勝擁有多麼進步的思想，多麼的勇於向權威挑戰！何況，他所要挑戰的是那麼強大的秦國戰士，這更是需要多大的勇氣啊！

當年，秦始皇一統天下之後，曾經銷毀了天下所有的兵器，現在陳勝等人想起義都還沒武器，怎麼辦呢？他們就立刻砍伐樹木和竹竿作為武器，這就是歷史上所記載的「揭竿而起」，用竹竿來面對秦朝士兵精良的兵器，想想看這是多麼悲壯的一役！

只要想想當時有那麼多的英雄豪傑，面對秦的暴政，要不是隱姓埋名，就是淪為盜匪，就連項羽那樣的蓋世英雄和他的叔叔項梁也都還在觀望，足智多謀的張良所能想到的也只是找了一個大力士想要行刺秦始皇，結果失敗，也就是說，在秦朝末年，雖然天下普遍已有反秦的意識，但是敢於公開明確表示反抗秦朝的，陳勝是第一個！

陳勝稱王只有短短半年就宣告失敗。西元前二〇八年，陳勝被叛徒（是他的車夫）所殺，但是自他登高一呼以後，果然就如他所預料的那樣，大江南北立刻掀起一股強大的反秦浪潮，怎麼壓也壓制不住。難怪後來司馬遷會把劉邦和項羽滅秦的功業，都歸功於陳勝的發難。陳勝，確實是一個大英雄。

第26個
西楚霸王項羽

自從陳勝、吳廣在大澤鄉公開反秦以後，天下大驚，隨即各地都冒出了人數不等的起義軍，整個黃河上下、大江南北，都是一片反秦的浪潮，十幾年前被秦國所滅的六國也紛紛宣布復國。秦各地的地方官都人心惶惶，惴惴不安。緊接著，地方官也開始紛紛起義了，但大多是為了自保，以此來安撫亂民，有的甚至是被亂民逼著起義。

當時，項梁和項羽叔姪兩個人正在吳中躲避仇家的報復，因為他們項家世世代代都是楚將，所以很受當地權貴人士的尊重。這天，會稽太守殷通請項梁去商討天下大事，想聽聽項梁的高見，看看自己到底該何去何從。項梁說，現在江西一帶都已經起事，這是上天要消滅大秦王朝的時候了啊，他建議殷通不如也趕快跟進起義吧！因為，先發動的可以制服人，後發動的就只能被別人所制服了。

書上的記載是「先發制人，後發制於人。」這就是成語「先發制人」的典故。

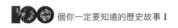

殷通聽了項梁的分析，大概是覺得不起義看來也不行了，但是他可能對自己的能力沒什麼信心，很自然的就對項梁起了依賴之心，馬上大拍項梁的馬屁，說：「你是楚國大將的後代，現在只有你才能做大事了！」

項梁一定是表現出自己毫無野心的模樣，假意告訴殷通，有一個很有本事的人，名叫桓楚，一定可以幫他。殷通很高興，馬上問那桓楚現在人在哪裡？項梁說：「這只有我的姪兒才知道。」說著，就出來找項羽，叫項羽備好寶劍，吩咐道：「待會兒叫你進來你就動手！」過了一會兒，殷通果然叫人請項羽也進來一起共商大事。項羽一進來，看叔叔跟他使了一個眼色，馬上就寶劍出鞘一刀砍下殷通的腦袋，隨即又宰了殷通手下上百人。還沒來得及全部殺光光，剩下的就已經統統都投降了。

於是，項梁便當眾宣布反抗暴秦，號召大家一起起義，很快的便招到八千精兵。這就是他們叔姪最初所帶領的八千子弟兵。

這個時候，項羽才二十多歲。

由於他們出身楚國貴族，因此在秦末一大批反秦的起義軍當中，可以說是極具號召力，不時就會有一些小的武裝力量前來表示歸附。劉邦也曾率著自己的人馬前來歸附過項梁叔姪。這也可以看出，當時雖然大家表面上還是以楚懷王為號召（總要找一個具有王室血統的人來號召好像才比較名正言順），但私底下大家都認為項梁叔姪是最具氣候、最能成大事的人。

尤其項羽確實是一代武將，蓋世英雄。可惜項梁死得太早了，否則後來項羽和劉邦之間的競爭，未必會是劉邦取得最後的勝利。

翌年（西元前208年）八月，也就是他們起義才一年左右的時間，項梁就因輕敵在定陶被秦將章邯偷營，不幸戰敗而死。接著，章邯趁勝追擊，轉戰河北，圍困趙國。這時，劉邦和項羽都收兵回到彭城。楚國群臣對部隊做了一番調整，決定兵分兩路攻秦。在會議上，大家都認為劉邦是一個寬大的長者，一致決議由劉邦帶兵從河南西進入關破秦，然後由宋義、項羽率領主力部隊北上救趙，牽制秦軍主力。

當大隊人馬一渡過漳河，項羽就下令士兵把所有的船隻統統鑿破，讓它們沉到河底下去，把飯鍋也全部打碎，然後在只發給每個人三天的乾糧之後，就帶著大家上戰場，表示寧可戰死也絕不回頭的決心。

這就是成語「破釜沉舟」的典故。「釜」，就是古代煮飯用的器具。

很快的，楚軍就來到鉅鹿（今天河北平鄉縣）。當時，其實各國諸侯都派兵救趙，鉅鹿這裡放眼望去有一大堆的營寨，可就是沒有一個人敢率兵跟秦軍正面交戰，大家都畏懼秦

軍的驍勇善戰。甚至直到項羽趕到，率領楚軍英勇作戰，並且一連打了九次勝仗，各國諸侯在這期間居然都還是不敢走出軍營，只敢站在營寨的堡壘上遠遠的張望。這就是成語「作壁上觀」的典故。

終於，秦軍戰敗投降。年輕的項羽召集各國將領會議，那些將領一走進項羽的軍營，竟然都不由自主的跪倒在地，連抬頭看一下項羽都不敢！從此項羽就成了反秦力量的領袖。

項羽飽嘗國仇家恨的痛苦（當年在秦國一統天下的時候，楚國被秦國所滅，叔父項梁又死於秦將章邯之手），再加上他的性格本來就比較暴躁和偏執，又年輕氣盛、血氣方剛，一心只想復仇，不計後果，結果就表現得非常殘暴，所到之處，動不動就是大肆殺戮，很快的就連盟友都對他益發不滿。

特別是在處理鉅鹿之戰的後續問題，項羽可以說犯了大錯。這本來是項羽的一大戰績，但是，項羽擔心秦軍入關後會異心，在行進到河南新安這個地方的時候，竟把二十萬俘虜全部坑殺。這一大慘案，使得項羽人心盡失。因為，秦朝末年之所以會掀起反秦的浪潮，就是由於秦太過暴虐，如今，想要推翻秦的楚，卻和秦一樣暴虐，甚至暴虐的程度還有過之而無不及，那怎麼會受到老百姓的擁戴呢？

鉅鹿之戰過後，項羽率著大軍來到涵谷關，見關門緊閉，又聽說劉邦已經平定關中，大怒，立刻命令大將英布攻破涵谷關，接著率領四十萬大軍火速來到戲水以西（今天陝西臨潼東北的戲水西岸），不久就在新豐鴻門這個地方駐紮下來。

這時，劉邦那裡有人跑來向項羽打小報告，說劉邦想在關中稱王，還霸占了秦宮殿中所有的珍寶。項羽聽了，氣得暴跳如雷，立刻下令犒勞士兵，意思是要讓大家好好吃個飽，準備第二天就要出兵一舉消滅劉邦。

這個時候，劉邦的兵力只有十萬左右，雙方光是在人數上就非常懸殊，何況楚軍的戰鬥力又在漢軍之上，如果項羽真的對劉邦發動攻擊，就不會有後來楚漢相爭的局面了。然而，劉邦在危急時刻得到情報，知道項羽在第二天就要出兵來攻打，劉邦也非常果斷的做了一件非常勇敢的事，他趕在當天早上，項羽還沒來得及出兵的時候，就主動帶著極少數的人馬，來到鴻門，低聲下氣的拚命向項羽解釋，表示自己只是在為項羽看門，是一心一意等待項羽的到來，項羽被劉邦的迷湯一灌，居然真的就相信了，還大擺宴席招待劉邦。這就是有名的「鴻門宴」。

項羽的謀臣范增早就看出劉邦不是一個簡單的人物，一定要盡早解決。席上，范增多次暗示項羽趕快殺了劉邦，可項羽就是不予理會，范增急了，跑出去叫項莊進來敬酒，並且安排好要項莊趁舞劍的時候殺了劉邦。本來劉邦也死定了，項莊的劍鋒幾度都快舞到自己的鼻子上（這就是所謂的「項莊舞劍，意在沛公」，沛公就是劉邦），緊要關頭偏偏項羽另外一個叔父項伯跑出來搗亂，說什麼他也要一起舞劍助興，然後乘機保護劉邦，用自己的身體擋住劉邦。項羽心胸狹窄，向來只相信本家人，可是他作夢也想不到項伯這個本家叔父竟然會幫著劉邦。

劉邦從鴻門宴逃脫之後，范增氣得不得了，馬上就預言道：「將來得天下者必然是沛公！」

後來，西元前二〇二年，項羽在垓下被圍，想到當初帶著八千子弟兵起義，如今卻落得如此下場，好不感慨！終於，在有感於無顏見江東父老而不肯渡江的情況下，在唱出「力拔山兮氣蓋世，時不利兮騅不逝；騅不逝兮可奈何，虞兮虞兮奈若何！」的千古名篇之後，西楚霸王項羽自刎而死。

第27個

漢高祖劉邦

劉邦是泗水郡沛縣人（今天的江蘇豐縣）。因為排行第三，本名劉季。「季」就是第三的意思。

劉家就和當時廣大的老百姓一樣，以務農為生。劉邦出生在戰國時期（西元前256年），秦始皇統一天下的時候（西元前221年），他已經三十五歲。他在青年時期就嗜酒好色，經常遭到父親的斥責，罵他不務正業（就是

罵他「不好好務農」）。不過，劉邦這個人性格豪爽，很容易交朋友，人也並不笨，還是有一點辦法，在秦朝末年當上了一個地方上的小官，就是泗水亭長。

劉邦素來喜歡說大話，臉皮也很厚。有一戶呂家，剛從單父（今天山東單縣南邊）搬來沛縣的時候，有一天，設宴款待前來拜賀的賓客，明明跟大家說好凡是賀禮不滿一千錢的，都坐在堂下，身上一個綳子兒也沒有的劉邦，居然就好意思大聲嚷嚷「我賀錢一萬！」，呂公得到消息急忙親自下堂迎接，結果一看到劉邦就愣了一下，覺得此人相貌氣度不凡，馬上熱情的拉他入席就坐，並且宴會一結束就說要把女兒嫁給他。這個女孩就是後來的呂后。

不過，有時劉邦的大話，似乎也顯露出他頗有些大志。譬如有一次他在押送夫役到首都咸陽的時候，正巧碰到秦始皇出巡，劉邦看到秦始皇坐在車子裡威風凜凜的樣子，就不禁發出了由衷的讚嘆，說：「大丈夫就應該像這個樣子啊！」

劉邦之所以會起事，跟陳勝的情況有一點點相似。西元前二〇九年，他負責押送一批囚犯去驪山，一路上很多囚犯都逃走了，劉邦暗暗盤算，照這樣下去恐怕等抵達驪山的時候，囚犯早就都跑光了，到時候自己一定也難逃一死，既然如此，乾脆做個順水人情算了，於是就對剩下的囚犯說：「你們也跑吧，我也要跑了。」（他只是想要跑而已）可是，有十幾個囚犯並不想跑（或者是也不知道該往哪裡跑），就想跟著劉邦，劉邦想想，好吧。他就這樣開始起事了。

陳勝弄出那些裝神弄鬼的把戲，把自己打造成真命天子，加強自己起義的正當性，這一招劉邦也會。他刻意散播一些神奇的傳說，比方說不管他躲在哪裡，老婆總是能夠找到他，因為他所在之處的上空總是會有祥雲聚集，又說自己在無意之中斬了白蛇，實際上是「赤帝之子」的化身等等，這些神話愈傳愈廣，劉邦似乎就愈來愈不像只是一個普通老百姓，追隨他的人也果真愈來愈多，很快就發展到了兩、三千人。

劉邦很會攀關係。比方說，在他最初帶著自己的部隊前去投歸楚懷王，接受項梁指揮的時候，馬上就敏銳的看出項羽是一個真正的英雄豪傑，於是，儘管他比項羽年長二十多歲，卻立刻自願降了一個輩分，和項羽肉麻兮兮的結拜為把兄弟。

又比如，後來在得知項羽第二天就要來攻打自己的時候，劉邦一聽張良說項伯此刻就在自己的軍營，馬上就要張良把項伯請進來，然後一邊客客氣氣的以兄長之禮來對待項伯，一邊也趕緊向項伯示好，說想要跟他結為兒女親家。項伯本來是因為張良對自己有過救命之恩，想到第二天項羽就要出兵，張良命在旦夕，心中不忍，才連夜造訪，想要把張良帶走，沒想到堂堂漢王劉邦居然要和自己攀親，當下真是喜不自勝。第二天，在鴻門宴上，劉邦多虧了項伯這個親家在暗中保護才得以安全逃走。

從西元前二〇九年，陳勝和吳廣首先揭竿而起，帶起反秦的這股強大浪潮，到秦朝滅亡，只不過三年的時間，但是接下來的「楚漢相爭」，也就是西楚霸王項羽和漢王劉邦之間的爭鬥卻持續了四年。一開始，項羽應該說是擁有絕對優勢，但是自從鴻門宴「放虎歸山」之後，情勢就逐漸演變。暴躁易怒、沒有識人之明，受了挑撥還不知道的項羽，漸漸就不是劉邦的對手。項羽後來甚至因為中了離間計，居然還懷疑忠心耿耿的老臣范增私通敵營，令范增心灰意冷，乾脆告老還鄉。范增在臨行前對項羽說：「天下大事已基本底定，大王你好自為之吧！」項羽也沒說什麼話來挽留范增，就這麼讓范增走了。

范增走了沒多久，還沒有走到彭城，就背上生瘡，氣憤而死。

項羽和劉邦相爭，也經常被氣得半死。因為，項羽是一個英雄，可劉邦不是，很多時候項羽根本不知道該拿劉邦怎麼辦。比方說，項羽是絕對不可能向敵人討饒的，劉邦為了活命卻可以這麼做。在楚漢相爭初期，有一次，劉邦敗走彭城，項羽的一名部將丁公率軍緊追，一直追到彭城之西，漢軍不得不狼狽迎戰，兩軍正面遭遇，雙方揮刀搏殺。在《史記》中，司馬遷描寫到這裡的時候是這麼寫的：「丁公逐窘高帝彭城西，短兵相接」，所以這也就是「短兵相接」的典故。眼看情勢十分危急，劉邦就跟丁公求饒，只不過求饒的說詞說得還滿好聽的，劉邦說：「你我都是英雄，何必苦苦相逼呢？」結果，丁公也不知道是不是因為被戴了一頂「英雄」的大帽子，心腸一軟，就把劉邦給放走了。

還有一次，劉邦被項羽圍城，老父和妻子都被俘虜，項羽為了逼他投降，把他的父親帶到陣前，威脅劉邦：「你再不投降，我就把你的爸爸給煮了！」可是，劉邦居然嘻皮笑臉的說：「你別忘啦，我們曾經以兄弟相稱，所以，我的父親也就是你的父親，如果你真的要把我們的老父親給煮了，那麼就也分我一碗肉湯吧！」（這就是「分一杯羹」的典故）氣得項羽真是拿他一點辦法也沒有！

再比如，在楚漢相爭已接近尾聲的時候，雙方明明已經達成協議，要「中分天下」，以鴻溝為界，鴻溝以西歸漢，以東歸楚（這就是後來象棋上「楚河漢界」的典故）。協議達成，項羽也依約送還了劉邦的父親和妻子，然而，劉邦卻可以立刻翻臉，趁項羽不備，繼續追擊楚軍，後來終於在垓下把項羽團團圍住。

當然，劉邦也有他很大的優點。他在先項羽一步入關滅秦以後，把當地父老召集起來，和大家「約法三章」：第一，殺人的要判處死刑；第二，傷人和盜竊者可以抵罪，但是當然也要受到適當的懲罰；第三，其餘的秦朝法令統統免去！

這三條法令一頒布，立刻成功的籠絡了人心，老百姓都非常高興，唯恐劉邦不當王。

劉邦最大的優點還是在於知人善任。西元前二〇二年，楚漢戰爭因為項羽在垓下自殺而終於宣告結束。漢王劉邦取得了最後的勝利。儘管劉邦不是秦末第一個公開反秦，起義期間也從來不曾遭遇過秦朝的主力部隊，劉邦仍然成為中國歷史上第一個靠著打天下而坐上天子寶座的皇帝，也是有史以來第一個「布衣天子」（就是「平民皇帝」）。

後來，有人請劉邦自己分析一下取得楚漢相爭最後勝利的因素，劉邦說：「在軍營中定下作戰計畫，就可以取得千里之外的勝利，論這方面的能力，我比不上張良；鎮守後方，安撫百姓，供應糧餉，保障後勤工作，使運輸從不斷絕，論這方面的能力我比不上蕭何；統帥百萬大軍，決戰必定勝利，攻城必定取得，論這方面的能力我又比不上韓信，這三個都是超凡的英雄豪傑，可是他們都能為我效命，這就是我能取得天下的原因。而項羽只有一個謀臣范增，他都還不能夠好好任用，這就注定了他一定會失敗。」

這番剖析可說真的是非常中肯！日後，漢朝的文學家楊雄在分析楚漢相爭之所以會漢勝楚亡，也認為是因為「漢屈群策，群策屈群力」（後人引申為「群策群力」這句成語），「屈」是「竭盡」的意思，意思就是說都是因為劉邦接受和指揮了眾人的智謀和力量，項羽幾乎只靠自己一個人單打獨鬥，不管他個人有多麼的英雄，最後當然一定還是劉邦取勝。

第28個

白登山之圍

當年秦始皇統治時期，匈奴曾經被大將蒙恬擊敗，北方也因此安寧了十幾年。但是，等到秦朝滅亡，中原又發生了楚漢戰爭，無力也無人再顧及北方，造成北方空虛，匈奴就乘機又開始向南蠶食。

漢朝初立，匈奴的冒頓單于（「冒頓」是人名，「單于」的意思就是「匈奴王」）率領四十萬大軍攻打韓國的封地馬邑（今天山西朔縣），韓王招架不住，只好向冒頓單于求和。

漢高祖劉邦得到消息，大為震怒，覺得這簡直是把大漢王朝的面子給丟光了，便怒氣沖沖的派了一個使臣趕到韓國去責備韓王，哪知道韓王挨了一頓臭罵之後，擔心劉邦會把自己治罪，為了自保，乾脆投降匈奴。這麼一來，問題就更麻煩了，等於漢朝北部的邊防門戶就此大開。

冒頓單于占領了馬邑之後，當然並不滿足，又繼續向南入侵，不久就圍住了晉陽（今天山西太原）。晉陽是北方的重要城市，聽說晉陽被圍，劉邦感到事態嚴重，非同小可，便親自率軍趕到晉陽，要與匈奴對戰。

這是西元前二〇〇年的冬天，北方正下著大雪，氣候十分嚴寒，來自中原的士兵根本沒碰過這麼惡劣的天氣，很多人都被凍傷，光是手指頭莫名其妙被凍掉的就不知道有多少。可是，令人頗為意外的是，儘管漢軍士兵普遍都狀況不佳，但是那些匈奴士兵卻好像很不經打，只要兩軍一接觸，漢軍總能輕易取勝，就這樣漢軍一連打了好幾個勝仗，甚至還聽說冒頓單于都已經逃到代谷去了（今天山西代縣西北）。

劉邦派出幾個偵察兵，回來之後都說匈奴那邊全是老弱殘兵，連他們所騎的馬也都是瘦瘦的，如果趁勝追擊一定可以把匈奴徹底殲滅。這個時候，劉邦身邊的人大多主張趁勝追擊（大概是天氣太冷，大家都想趕快打完回家！）只有一個名叫劉敬的臣子獨排眾議，劉敬認為這其中一定有詐，冒頓單于一定是把精兵都藏起來了，故意用一些老弱殘兵來製造假象，目的一定是要誘敵深入，力勸劉邦千萬不要上當！

可是，劉邦覺得劉敬的分析實在是很不中聽，大怒道：「你別在這裡胡說八道，阻擋我進軍！」（劉邦一定也是急著想回家！）然後就下令把劉敬給關押起來。

接著，劉邦就打算率軍展開追擊。沒想到才剛剛來到平城（今天山西大同市東北），突然四週就冒出好多匈奴兵，一個個都是兵強馬壯，驍勇善戰，之前那些老弱殘兵呢？全都不見了！

受此伏擊，漢軍陣腳大亂，在戰鬥中劉邦率著一隊人馬拚命殺出一條血路，好不容易才勉強退到平城東面的白登山。冒頓單于看到了，心中大喜過望，馬上用四十萬精兵把白登山團團圍住，圍得密不透風。其他的漢軍雖然沒有被全部殲滅，卻也沒有辦法展開救援，就這樣眼睜睜的看著皇帝在白登山足足被圍了七天！

後來，劉邦是怎麼脫困的呢？

幸好丞相陳平及時想出一條計策。他派了一個有膽識的使者，帶著很多金銀珠寶和一幅美女圖，來到匈奴的軍營，求見「閼氏」（在漢朝的時候用來稱單于的妻子）。

閼氏看到這麼多光彩奪目的金銀珠寶，非常高興，馬上收下，可是一看到美女圖，立刻充滿警戒的問道：「這是誰？」

使者說，這是中國第一美人，現在我們漢朝的皇帝被困，我們希望能夠和談，只要冒頓單于願意罷兵修好，除了今天帶來的這些財寶，美人也會很快送到。

閼氏說：「財寶我們收下，美人就不必了。」

於是，使者就利用閼氏深恐失寵的心理，請閼氏在冒頓單于面前幫忙多說些好話，勸冒頓單于退兵，說這樣他們就不把美人送來。

協議順利達成。使者一走，閼氏馬上就跑去找冒頓單于，說她聽到剛剛即位的漢朝皇帝，能坐上皇位完全是天意，如果對他不利恐怕會遭到老天爺的報復，還是趕快把他放走算了。本來在圍困劉邦的同時，冒頓單于其實是計畫約匈奴另外兩個部族一起來攻打平城，可是左等不來、右等也不來，心裡已經在犯嘀咕了，現在一聽老婆這麼說，還真的就不想再打了，便故意放鬆對白登山的包圍，讓劉邦乘機衝出重圍。

劉邦一路沒命似的逃回廣武，回了回神，想到先前被他關押起來的劉敬，趕快派人去把劉敬放出來，還對劉敬說：「都怪我沒聽你的話，弄得差點兒就沒辦法跟你見面了！」

（劉敬聽了，八成是想：「幸好你只是把我關起來，不是殺了我，否則我就死得太冤了！」）

這是大漢王朝和匈奴第一次交手，勉強算是以和平方式落幕，從此便形成南北對峙的局面，直到漢武帝才有所改觀。

後來，大臣婁敬從陳平的「美人計」中得到靈感，想出一個辦法來處理和匈奴之間的關係，那就是「和親」。劉邦採納了這個建議，從此，漢朝年年都送給匈奴很多財物，還把漢朝的公主嫁給匈奴單于，和匈奴結親，以此來換取和平。

劉邦過世以後，呂后、文帝也依然沿用和親政策。

第29個

文景之治

西漢文帝和景帝的時候，都大力推行「輕徭薄賦，與民休息」的政策。「徭」就是「徭役」，古代人民有向國家服勞役的義務，這就叫作「徭役」；「賦」在這裡是指人民向國家繳納的稅。總之，「輕徭薄賦」就是減輕人民負擔的意思。

由於一連兩個皇帝都執行這樣的政策，使漢初的社會安定，經濟也發展

快速，這一段加起來一共四十年左右的時間（漢文帝在位二十三年，漢景帝在位十六年），在歷史上被稱為「文景之治」，為後來的武帝盛世打下了堅實的基礎。

漢文帝是一位仁慈的賢明君主。他改革刑法，廢除了秦漢以來的一些酷刑。本來在漢初的時候，還有一種殘忍的「肉刑」，就是要往犯人臉上刺字、割掉鼻子或砍掉四肢，這個刑罰後來就是被文帝下令廢除的。不過，這其中還有一個小姑娘的推動，她的名字叫作緹縈。

緹縈的父親因為誤傷人命而被判處肉刑，在即將要被押解到長安行刑的時候，父親唉聲嘆氣，埋怨自己的命不好，生了一大堆女兒，一個兒子也沒有，否則危難時刻也許兒子就能幫忙奔走，女兒實在是一點用處也沒有。緹縈是小女兒，非常擔心父親，不忍看父親受到肉刑的摧殘，便一路跟隨到長安，然後在某一天文帝出巡的時候乘機大喊「冤枉」，驚動了文帝，居然得到一個機會能夠向文帝痛陳肉刑有多麼的殘酷。緹縈的勇氣，以及她救父心切的孝心，使文帝大受感動，很快的就廢除了肉刑。

同時被文帝廢除的還有連坐法。此外，文帝也再三詔令各個地方官吏在審案的時候一定要非常慎重，嚴禁徇私舞弊和貪贓枉法，使得漢初的政治呈現出一派清明。

除了仁慈寬厚，文帝還非常的節儉。他在位期間，大力緊縮國家財政支出，而且以身作則，杜絕浪費。舉一個例子，皇帝的宮室、花園、車馬、服飾都是沿用前朝，沒有什麼變化，有一次，文帝心血來潮想要建造一座露台，但是一聽工匠說要花費百金，文帝立刻就覺得太浪費了，馬上就打消了建造露台的念頭。「百金」是一個什麼樣的概念？大概相當於當時十戶中等水平家庭一年的總收入。貴為皇上還能這樣節儉，實在是相當難得。

文帝以身作則的還不只是崇尚節儉，他還親自率領文武百官去耕種田地呢！文帝大力提倡農耕，減免土地稅和人口稅，徭役也從「每年一次」減為「三年一次」……種種政策都很能體貼百姓，讓百姓真正得到了休息。因此文帝在位期間，全國人口的數量不斷增加，整個社會進入了一個穩定發展的時期。

唯一的陰影是同姓王的問題。早在漢初漢高祖剷除了韓信、彭越、英布等異姓王的過程中，就不斷分封劉姓子弟為王，去接替空出來的王位，這就是同姓王。同姓王國最初只有九個，後來逐漸增加，傳到文帝的時候已經增加到二十多個，其中領地最大的有齊、楚、吳等等。這些王國所領有的土地，合起來一共占了西漢帝國一大半的土地，皇帝直接統轄的地區反而只有僅僅十五個郡，並且在這十五個郡當中往往還有列侯和公主的領地，所以再這麼東扣西扣，真正屬於皇帝能夠管轄的土地就只剩下十個郡左右了。

劉邦生前滿心以為同姓王都是他的兄弟子姪，是最靠得住的，然而事實上同姓王一旦勢力大了照樣也會造反，照樣也會想要來奪取皇位。

漢文帝時期已經發生過同姓王叛亂事件，但是規模都不大，很快就被鎮壓下去，但是到了景帝時期所爆發的「七國之亂」就比較來勢洶洶了。

其實，在漢文帝時期就已經有一位名叫賈誼的大臣建議過文帝「削藩」，就是分割這些同姓王的王國，來削弱他們的力量，當時，在太子劉啟（就是後來的景帝）身邊的晁錯，也抱持著和賈誼同樣的看法，文帝雖然在內心也認為他們的看法很好，但他不想操之過急，以免反而引起反效果，所以只對齊國和淮南國動手。齊國是同姓王的王國中最大的一個，齊王劉側死後，因為正好沒有兒子繼承，文帝便乘機把齊國分成六個小國；淮南國則是因為發動過叛亂，所以被分成了三個小國。

等到景帝即位，晁錯重提削藩的建議，景帝在衡量情勢之後，也覺得為了要保持漢王朝的穩定，削藩之舉確實已是勢在必行。但是，當景帝一展開削藩，吳王反應激烈，馬上聯合了楚、膠西、趙、濟南、淄川、膠東等六個王國，一起出兵，於漢景帝三年（西元前154年）發動叛亂，攻向長安，史稱「七國之亂」。

這七國起兵的藉口是「清君側」，意思是要幫助皇上清除小人；誰是「小人」？那當然就是主張削藩的晁錯。景帝本來打算息事寧人，同意七國的要求（倒楣的晁錯，腦袋就這樣搬了家），景帝還計畫免去七國的興兵之罪，並恢復他們的封地。照說這樣的條件已經相當豐厚，也給足了七國面子，沒想到七國根本不買帳，因為他們本來就是要乘機鬧事，然後奪取天下。於是，景帝立刻改採強硬手段，命周亞夫為統帥，出兵迎敵。三個月之後，「七國之亂」被徹底平定。

從此，漢王室就加強了中央集權，並且對地方勢力採取嚴格控制的態度，這對於漢王朝進入全面昌盛的階段，也產生了一定的作用。

第30個

雄才大略的漢武帝

漢武帝，名叫劉徹，是漢景帝第十個兒子，西漢第五任皇帝，是中國歷史上一位數一數二的雄才大略的君主。他在位五十三年，使西漢王朝達到空前的繁榮，對整個中國歷史也影響深遠。

漢武帝對後世最重要的影響就是「罷黜百家，獨尊儒術」。

我們得先從當時的歷史背景開始說起。在西漢初年，漢高祖劉邦延

續秦代的「挾書律」，禁止私人收藏《詩》、《書》等等，這個時候儒家的學術活動幾乎完全滅絕，主張清靜無為的道家思想被統治者大力提倡。實際上，道家思想在當時也確實是非常符合百姓的心理需求；只要想想看，將近五百年的春秋戰國時代都在征戰不休，秦王朝的徭役又那麼的繁重，簡直超出了老百姓所能承受的程度，秦始皇在位十二年，從他死後，各地的反秦起義軍就有如雨後春筍般的不斷湧現，三年後，秦滅亡，但緊接著楚漢相爭又持續了四年，這麼長一段時間不斷的折騰，老百姓實在是太累太累啦，誰不希望再也不要打仗、再也不要有動亂了呢？

在這種情況之下，道家思想當然是很有其必要性，而這種無為的思想也確實讓老百姓得以好好的休養生息，造就了文景時期的社會安定。但是，隨著時代的發展，在漢王朝已有六、七十年的歷史以後，道家學說就慢慢的不再合適了。

漢武帝即位的時候，年僅十六歲。翌年始建年號「建元」，然後就想立刻著手改革。就在這一年（建元元年，西元前140年），漢武帝做的第一件大事，就是召集天下文士，親自出題考試。大儒董仲舒（西元前179-117年），應詔先後三次對策，獻上著名的《天人三策》，深受漢武帝欣賞。於是，漢武帝採納董仲舒的建議，只錄用優秀的儒家學者，其他全國各地舉薦來的非儒學的諸子百家一概排斥，這麼一來，也就等於今後只有學習儒家學術才會有做官的機會。

接下來，漢武帝也馬上拔擢了一批好儒學的人，以此來褒揚儒學，貶斥道家等諸子學說。

不過，漢武帝的改革很快就遇到了阻力，因為漢武帝當時畢竟年少，還沒有親政，而竇太后偏偏又是支持道家黃老學說的首要代表人物，所以，竇太后找了很多藉口把鼓吹儒學的人一一投入監獄，大力打擊儒家。漢武帝只好耐心又等了五年，直到建元六年（西元前135年），竇太后去世，二十二歲的漢武帝親政以後，才重新重用儒生，把官府裡非儒家的博士一律免職（「博士」是一種官職），排斥黃老等百家學術於官學之外，這就是著名的「罷黜百家，獨尊儒術」。

從此，儒家被確立為官學，開創了兩千多年以來儒家學說獨盛的局面，儒家學說也從此成為中國封建社會的主流思想。

向漢武帝提出獨尊儒術建議的董仲舒，也因此在中國思想史和文化史上都占有非常重要的地位。

董仲舒在病逝以後，葬於京師長安西郊，有一次，漢武帝經過他的墓地，為了表彰董仲舒為漢王朝的效勞盡忠，特地下馬致意，後來董仲舒的墓地又被稱為「下馬陵」。

我們在評價一位帝王的時候，都是從「文治武功」兩大方面來看。漢武帝除了獨尊儒術，在「文治」方面還有很多建樹，譬如大興水利，加固黃河堤，大造人工渠，移民西北屯田，推進農業發展，又定音律，置樂府，採集民間詩歌，在全國範圍之內推廣文化教育事業，以及完善國家制度等等。

而漢武帝的「武功」更是驚人。元光二年（西元前133年，這年漢武帝二十三歲），設謀馬邑，拉開了漢朝反擊匈奴擾邊的決戰序幕，接下來一連三大戰役的勝利，漢取河南地，又把匈奴趕出河西走廊，改變了以往漢朝被匈奴死死壓制的局面，而開創了「漢勝匈奴」的新格局，緊接著漢武帝又伐大宛，斷匈奴右臂，漢朝的勢力達到西域蔥嶺之巔。

漢武帝所發動的這場漢匈決戰，確立了漢族文化成為中華文化主體的歷史地位，影響極其深遠。同時，漢武帝兩度派張騫（西元前159-114年）通西域，開闢了溝通中西經濟文化交流的「絲綢之路」，並且派唐蒙等人開發西南夷地區，又併兩越，拓展國土至南海。可以說今天中國的版圖，是兩千多年以前的漢武帝就大致奠定下來的！

漢武帝當然也有弱點，他的弱點就和當初的秦始皇一樣；首先，他也熱愛出巡，一生先後出巡十幾次，每一次都勞師動眾，花費巨大，其中最鋪張的一次，行程竟長達一萬八千里！漢武帝在巡遊方面的浪費程度甚至還超過了秦始皇，其次，大概是有感於自己把皇帝這個角色做得太出色，以至於開始迷信方術，幻想自己能夠長生不老，不斷派人到海外求仙，希望找到仙藥，永遠做皇帝，結果不但被很多方士利用，後來還導致了一場「巫蠱之禍」。

那是在漢武帝晚年的時候，由於過度使用民力，再加上拚命求仙、浪費無度，以至於賦役繁重，老百姓的怨言愈來愈多，而漢武帝也變得很疑神疑鬼，老擔心有人會對他不利。有一次，他夢見自己被數千木人追打，醒來以後，漢武帝認為一定是有人對他下了詛咒，竟下了一道荒唐的命令，說要嚴厲追查，事情遂一發不可收拾，後來居然連太子和衛皇后都被牽連進去，雙雙自殺，丞相劉屈氂被殺，將軍李廣利投降匈奴，所統帥的七萬大軍全軍覆沒……直到這個時候，一生曾經多次大敗過匈奴的漢武帝才終於醒悟過來，察覺到所謂的巫蠱活動完全是奸臣江充等人，為了排除異己所製造出來的冤案，於是誅滅了江充全家，總算是終止了這場悲劇再繼續發展下去。

巫蠱之禍平息下來以後，漢武帝對自己做了深刻的檢討。西元前八十九年春天，漢武帝出巡的時候（這也是他最後一次出巡），六十七歲的漢武帝來到矩定縣（今天山東廣饒縣北），看到農民們正在忙著春耕，內心受到觸動，便也拿起農具，走到田裡參加勞動。不久，漢武帝來到泰山祭祀，對著天地神靈和隨行大臣做了一番誠懇的懺悔。很快的，漢武帝就按照大臣們的請求，遣散了所有的方士，並於同年六月下了一道詔書，宣布從此要「與民更始，休養生息」。後來學術界都習慣將漢武帝這道詔書稱為「罪己詔」，意思是說漢武帝承認了自己的錯誤，並且設法做出補救。

兩年以後，漢武帝就過世了。享年六十九歲。

事實證明，就是由於漢武帝這道詔書所宣布的政策調整，不僅避免了漢王朝走上秦滅亡的道路，也為後來的昭宣中興奠定了良好的基礎。一般人通常都是死不認錯，很難意識到自己所犯的錯誤，更不要說還能夠勇於改過，而漢武帝以皇帝之尊，居然能夠做到。光是憑這一點，就足以見得漢武帝確實是一個非常了不起的人物！

第31個
蘇武牧羊

自從漢武帝派大將軍衛青和驃騎將軍霍去病遠征匈奴，取得重大勝利，把匈奴殘軍趕到漠北以後，匈奴的元氣大傷，有好幾年的時間再也不曾侵犯漢朝邊境。接下來，匈奴陸續派使者來訪問漢朝，漢朝為了表示禮尚往來，也派使者回訪匈奴。

但是，匈奴單于其實並不想真心和漢朝保持友好，居然不止一次無故扣

留漢朝的使者，不放他們回來。漢朝當然很生氣，以牙還牙，也開始扣留匈奴派來的使者。等到這樣仍然不能消氣的時候，漢武帝決定還是要訴諸武力。

西元前一百年，漢武帝下了一道詔書，歷數匈奴的不是，準備再次討伐匈奴。就在這個時候，匈奴及時派來使者，表示剛剛即位的單于想要和漢朝和好；為了表現誠意，還把以前扣留的漢朝使者也一併送回。這麼一來，漢武帝經過考慮，決定還是以和為貴，暫停作戰計畫，還是試著和匈奴重修舊好。

於是，漢武帝再度派出使者出訪匈奴。漢武帝命中郎將蘇武為正使，副中郎將張勝為副使，常惠擔任助手，還有一百多名士兵，也把以前扣留下來的匈奴使者護送回去，同時還帶了好多金銀綢緞等禮物，要贈送給匈奴的單于。

蘇武，字子卿，是已經去世的平陵侯蘇建的次子，他和兄弟都是朝廷的官員。

當蘇武接過「使節」的時候，深感自己責任重大，決心一定要圓滿完成任務。所謂「使節」，是一根七、八尺長表示使者身分的長杆，頂部掛著一串毛絨球，是一個莊嚴身分的象徵。

匈奴地處北方，氣候十分寒冷，當蘇武一行辛辛苦苦的來到匈奴的時候，西北風颳得正凶，天空還下著鵝毛大雪。蘇武把之前被漢朝扣留的匈奴使者交給匈奴，再送上漢武帝的禮物和書信。漢武帝的信寫得很客氣，可是匈奴單于想必不懂那種客氣只是一種禮貌，居然還以為這是漢武帝懼怕自己的表示，居然就跩起來了，對待蘇武他們的態度也不夠尊重。

蘇武一行自然是很不高興，但是，這些老粗，不懂繁文縟節那一套，能把他們怎麼辦呢？蘇武心想，皇上是派自己來進行友好訪問的，還是應該以大局為重，便克制著自己不滿的情緒，一心只想達成任務之後盡快回去就是。沒想到就在他們即將回國的時候，發生了一件事。

原來，早在蘇武到來之前，有一個叫作衛律的漢朝使者投降了匈奴，被匈奴單于封為王。衛律手下有一個名叫虞常的人，在衛律投降匈奴之後，就被扣留在匈奴，沒有辦法離開，但他實際上是很想離開匈奴回去的。當虞常聽說漢朝又派遣了使者來匈奴訪問，並且打聽到擔任副使的還是自己的老朋友張勝的時候，非常興奮，認為機會來了，便設法密會張勝，表示想除掉衛律這個叛徒，張勝當場表示支持。然而，事機不密，虞常還沒來得及採取行動，倒先讓衛律察覺到不對勁，結果就被抓起來了，而且，虞常禁不住嚴刑拷打，還供出了張勝！

匈奴單于聽說居然有漢朝使者參與了這件事，勃然大怒，就要衛律去把蘇武等人統統叫來審問。

消息傳來，蘇武覺得身為漢朝使者，如果被匈奴審問將是奇恥大辱，拔出刀就要自殺，幸好旁邊的人及時搶救，沒有傷到要害。

等到蘇武的傷養好了，匈奴單于覺得他很有骨氣，頗有幾分敬重他，不再提審問之事，但是交代衛律在提審虞常和張勝的時候，叫蘇武去旁聽，打算叫蘇武投降。

虞常很快就被推出去斬了。輪到張勝的時候，衛律對張勝說：「按說你也當斬，不過，如果你肯投降，便可饒你不死。」

早就嚇白了臉的張勝，馬上雙膝一軟，下跪投降。

接著，衛律又嚇唬蘇武：「副使犯罪，你理當和他連坐，不過——」（「連坐」就是一起受罰的意思）。

衛律的話還沒說完，蘇武就義正辭嚴的質問：「我既不是他的同謀，又不是他的親屬，為什麼要我連坐？」

衛律想想，威脅不成，那就利誘，於是就大談投降匈奴之後有多麼多麼的好，勸蘇武也投降。蘇武聽了，大罵不已。

衛律拿蘇武沒辦法，只好去向單于報告，說蘇武不肯投降。匈奴單于說：「我有辦法叫他投降！」

匈奴單于的辦法很簡單，那就是不再跟蘇武囉唆廢話，直接來硬的，下令把蘇武丟進大牢，不給他水喝，也不給他飯吃。不過，蘇武口渴的時候就塞一把雪到口中，餓的時候就扯一把衣服上的棉絮猛嚼，就這樣靠著頑強的意志力活了下來，但還是說什麼也不肯投降。

匈奴單于火大得要命，可是又不忍把蘇武這個硬漢殺掉，還是想逼著蘇武投降，於是就想出一個絕招——把蘇武丟到北海去牧羊！北海在哪裡？就是今天俄羅斯西伯利亞的貝加爾湖，可遠著哪！

匈奴單于並且告訴蘇武，如果他還是堅持不肯投降，那就等到公羊生了小羊以後再回來！

公羊怎麼可能生小羊？這就好像說除非太陽從西邊起、除非電線桿發芽一樣，等於是說永遠都別想回來了！

蘇武就這樣被送到冰天雪地的北海去牧羊，一放就是十九年！想想看，只要一投降，就可以離開冰天雪地的北海，還能在匈奴過著舒舒服服的日子，可蘇武就是不肯，還堅持了十九年，他的意志力真的是非常的堅強啊。

當初蘇武出使匈奴的時候還是一個四十歲左右的壯漢，等到他終於被漢朝救回來的時候已經是一個白髮老翁了，當初那根使節早就成了一根光禿禿的竿子，可是蘇武還是非常慎重的拿在手中。

蘇武回來的時候，漢武帝已經去世，漢昭帝在位。後來蘇武還去祭祀漢武帝，並且把那根使節交還到漢武帝的靈前。

由於蘇武的氣節和高尚的愛國情操，使他永遠的留在世人的心中。

第32個

發憤著書的司馬遷

在中國歷史上，還沒有第二個像司馬遷這麼偉大的歷史學家。

一提到司馬遷，自然就會聯想到他那嘔心瀝血、流傳千古的著作《史記》。事實上，司馬遷的一生可以說就是為了《史記》，也可以說他是以自己的生命和熱血來書寫史記，否則他早就死了，而在《史記》終於完成之後沒有幾年，司馬遷也就離開了人世。

司馬遷是西漢時期的人（他出生於西元前145年），是一個史官。在漢

武帝天漢三年（西元前98年），司馬遷還不到五十歲的時候，遭到了人生毀滅性的打擊，竟然因「誣罔主上」的罪名被判處死刑。一個史官，一個讀書人，怎麼會「誣罔主上」而且還落到如此嚴重的地步？說起來，完全是因為司馬遷非常正直，本著史學家忠於事實的態度，在「李陵事件」上發表了與主流意見不合的看法，因而得罪了漢武帝所致。

「李陵事件」簡單來講是這樣的：天漢二年，好大喜功的漢武帝派李廣利率軍攻打匈奴右賢王，李陵為後方輜重官，結果，李廣利和李陵兩支部隊的命運完全不同，李陵帶領的五千步兵被匈奴的三萬騎兵包圍，經過一番浴血奮戰之後不得已才宣告投降，而李廣利那裡雖然並沒有遭遇到匈奴主力，更沒有碰到李陵所面臨的「敵眾我寡」的艱難處境，可是居然也被打得落花流水。不久，消息傳回長安，漢武帝非常生氣，然而，由於李廣利是漢武帝所寵愛的李夫人的哥哥，無異於就是漢武帝的大舅子，於是，朝廷裡很多人便昧著良心一致把戰敗的責任統統都推到李陵的頭上，絲毫不敢責難李廣利。只有司馬遷勇於站出來為李陵講了幾句公道話，結果，他就必須為此付出慘烈的代價。

按當時的法律，被判處死刑的人，有兩種方式可以免於一死。第一，繳納五十萬錢來贖死；第二，改以「腐刑」來代替。司馬遷的家境並不寬裕，不可能拿得出五十萬錢，這麼一來擺在他面前的就只剩下清清楚楚的兩條路，或者一死了之，或者接受殘忍的「腐刑」。什麼叫作「腐刑」？說白了就是閹割生殖器。在一般人的觀念裡，接受腐刑是奇恥大辱，比死了還要不如，如果有人居然會為了逃避死亡而寧可接受腐刑，那麼就算活下來其實也和死了一樣，或許還更糟，因為大家都會看不起他，就連當事人恐怕也會看不起自己。

司馬遷也是這麼想的。如果坦蕩蕩的從容赴死，對一個正人君子來說，為了忠於自己的道德良心、為了勇於說真話而死，也算是死得其所，但是，在司馬遷的內心卻還有一個聲音告訴他，他在這個時候還不能死，因為《史記》還沒有完成。

於是，為了《史記》，司馬遷接受了腐刑，忍受著精神和肉體雙重巨大的痛苦，苟活了下來。從此，他更加「發憤著書」。面對自己的生活，他已心灰意冷，但是他把所有的悲憤、思想和感情統統都傾注在《史記》裡，後世不少學者都說，或許這也就是為什麼司馬遷筆下的人物都能夠那麼有血有肉、動人心弦的原因。

《史記》對司馬遷來說實在是太重要了，說《史記》一直是他存在的價值也不為過，因為這也可以說是他和父親共同的志業，無論如何他都必須要完成。

司馬遷是夏陽人（在今天陝西韓城南），從小就勤奮讀書。十九歲的時候入京師長安。父親司馬談是一個學識淵博的史官，曾經做過漢武帝的太使令，掌管天文，記載史事。司馬談也是一個優秀的史官，他的《論六家要旨》，是古代思想史上一篇非常重要的學術論著。

元封三年（西元前108年），司馬談因病去世。接著，司馬遷繼承了父親史官的工作。這一年，司馬遷三十七歲左右。據說司馬談在病重之際，再三叮囑司馬遷要繼承他的遺志，完成《史記》，也有不少學者認為《史記》中的有些篇目實際上是出自司馬談的手筆。不管如何，父親司馬談一定對司馬遷有很多很好的影響。

司馬遷在繼承父職，任太使令以後，得以遍讀史官藏書，獲得了非常有利的修史的條件，不過實際上司馬遷從二十歲的時候就開始在為寫作《史記》而做準備了。他的準備方式，非常特別，不但讀萬卷書，還堅持要行萬里路，也就是說他除了博覽群書，還非常注重實地考察，努力蒐集第一手的資料，再配合自己的閱讀，提出自己的獨立思考（所謂「成一家之言」），這樣的作法就是以今天的眼光看來也是非常的高瞻遠矚。

比方說，司馬遷從長安（今天的陝西西安）出發，南下至江陵（今天的江蘇南京），渡江輾轉至汨羅江（在今天的湖南省岳陽境內）憑弔屈原；再沿湘江（湖南最大河流，為長江主要支流之一）溯流而上，到九疑山（在湖南寧遠縣），尋訪埋葬上古虞舜的地方，再登廬山（在江西省北部），了解大禹疏九江的傳說……，司馬遷是有史以來第一個以實地考察來印證史料的史學家，想想他是生活在兩千一百多年前的人，為了寫作史書竟然能這麼大江南北的漫遊，如此恢弘的氣度和眼光，怎麼能不教人深深的佩服呢！

就因為司馬遷下了這麼大的心血，《史記》的成就是非凡的。《史記》是中國文學和史學的重要著作，全書一百三十篇，五十多萬字，司馬遷開創了一種全新的用紀傳體來寫史書的先例。所謂「紀傳體」，就是強調人物，用「為人物立傳」（述說某一個人物一生的故事）這樣的方式，來記載歷史。這是一個空前的創新，特別是其中所蘊含的思想更是令人崇敬。因為在封建時代，只有帝王是高高在上，可是司馬遷立傳的對象並不僅僅限於帝王，也不以成敗論英雄，所以他會為西楚霸王項羽立傳，也會為一些「布衣」（就是平民百姓）立傳，比方說，至聖先師孔子、秦朝末年第一個揭竿起義反秦的陳勝等等，立傳與否的選擇標準，完全是著眼於這個人物對於整個歷史進程有沒有發揮獨特的影響。

這樣的史觀具有非同小可的高度，司馬遷會得罪權貴似乎也就是在所難免了。可是，司馬遷也就是以這樣深刻宏大的史學思想，再加上極為細膩出色的文筆，使得《史記》成了一部曠世巨著。

第33個

昭君出塞

在漢武帝的時候，由於有衛青、霍去病這些能征善戰的將領，匈奴被打得再也不敢大規模的進犯。到了漢宣帝的時候，匈奴內部動亂不斷，勢力愈來愈小，已經沒有力量再和漢朝作戰。漢宣帝五鳳元年（西元前57年），匈奴內部一下子冒出了五個單于，其中有一個叫作呼韓邪的單于，在戰鬥之中，損失慘重，乾脆帶兵投降了漢朝，無異是想躲到漢

朝的羽翼之下，尋求保護的意思。

西元前五十一年，呼韓邪單于要求來長安朝見皇帝。漢宣帝很高興的同意了，而且馬上就送給他一套很好的衣帽、一顆金子做成的大印、一輛華貴的馬車，還有很多金銀財寶和綾羅綢緞。

不久，呼韓邪單于穿戴打扮妥當，坐著新馬車，跟著漢朝使者來到了長安。漢宣帝用高於諸侯王的禮儀熱情的接待他，親自出城迎接，沿途都是文武大臣、各部落的酋長、各地的諸侯王以及數都數不盡的老百姓。當漢宣帝和呼韓邪單于登上渭橋，成千上萬的人一起高呼「萬歲」，更是盛況空前。呼韓邪單于從來不曾見過這樣的場面，內心極受震撼。

呼韓邪單于在長安逗留了一個月。在這一個月之內，漢宣帝不但交代隨從一定要好好的款待這位遠道而來的貴客，在宴會上也和呼韓邪單于互相敬酒，兩人的關係顯得十分融洽。等到呼韓邪單于要離去的時候，漢宣帝不但又送給呼韓邪單于很多禮物和糧食，還派出一萬多名騎兵沿路護送，可說是萬分禮遇。

從這個時候開始，漢匈之間等於結束了長達一百五十年的戰爭狀態，建立了匈奴對西漢王朝在政治上的隸屬關係，同時也使塞北各族與中原地區的漢族加強了政治、經濟、文化等多方面的聯繫。

在漢宣帝以後的幾百年，北方邊境都是一片祥和的景象。不過，在這難得的和平中，還有一個女子的貢獻，這個女子就是王嬙，又名王昭君。

原來，呼韓邪單于回去之後，過了十八年（西元前33年），又表示想要再度來長安，而且，還提出了一個要求——呼韓邪單于說，為了使兩國的關係愈來愈友好，他想和漢朝和親。

這個時候，漢宣帝早已過世，在位的是漢元帝。漢元帝認為和親是一件好事，便叫隨從去挑選一個宮女，並且說只要有宮女願意嫁給呼韓邪單于，就會被當成公主一樣的看待。

其實，宮女幾乎都是被強選入宮的，雖然個個都很漂亮，但是打從入宮開始，想要見上皇帝一面都非常非常的困難，更別說還想得到皇帝的寵愛，很多人根本就是在宮中終老，但儘管是這樣可以說沒有什麼前景的生活，似乎也總比遠嫁匈奴要來得強！至少，入宮已經是離開了親人，還不是離開了故土啊！光是憑想像就知道在匈奴的生活一定是很不一樣，要怎麼適應呢？完全人生地不熟的，如果想家了該怎麼辦？如果有委屈了又該怎麼辦？……

就在都沒有人願意的時候，幸好，王昭君挺身而出，為朝廷解決了一大難題。

漢元帝就叫人教王昭君學習說匈奴話，為她講解有關匈奴的風俗習慣，還教她怎麼彈琵琶。王昭君都學得非常認真。

到了成婚那一天，呼韓邪單于打扮得像漢族的新郎官一樣，親自來迎娶王昭君。漢元帝為王昭君準備了豐富的嫁妝，光是絲綢就有將近兩萬匹。呼韓邪單于簡直是笑得合不攏嘴。

元帝和文武百官以及長安城內的男女老少都紛紛來為王昭君送行，把整個長安城都擠得水洩不通。臨行前，王昭君的心情不禁有些激動，就拿出琵琶，彈了一首曲子，來表達自己既高興又傷感的情緒。高興的是，她知道自己此行意義重大，而以她這樣一個弱女子，能為國家做這麼有意義的一件事，她感到相當的自豪；傷感的是，今日一別，從此就天各一方，恐怕再也不會回到長安了。

王昭君的這首曲子彈得非常動聽，深深的打動了在場的每一個人。後人就把這首曲子稱作《昭君怨》。由於後來也有人把王昭君尊稱為漢明妃，所以《昭君怨》又被稱為《明妃曲》，一直流傳到今天。

王昭君來到匈奴以後，把漢族文化包括農業生產技術也都慢慢的帶給了當地的人民。從此，匈奴不再只是單一的游牧生活，也慢慢學會如何使用中原進步的農具，開始發展了自己的農業生產，這麼一來，匈奴的糧食就有了保障，生活也比過去要來得穩定。

而漢朝和匈奴之間更是保持了長時間的友好往來。可以說，王昭君把和親之舉執行得非常的完美。

後來，王昭君在臨死前還不忘叮嚀自己的兒女，一定要和漢朝保持友好。她還要家人把她葬在歸化（今天內蒙古自治區呼和浩特市）郊外，而且墳墓的方向一定要朝南，好讓她能永遠遙望自己的家鄉。

（這一冊我們了解了從上古至西漢的歷史，接下去還會有哪些有意思、又特別有意義的歷史故事呢？請看第二冊！）

國家圖書館出版品預行編目資料

100個你一定要知道的歷史故事／管家琪文；
蔡嘉驊圖 . -- 初版. -- 台北市： 幼獅, 2011.02
冊； 公分. --（多寶槅.文藝抽屜；165-167）

ISBN 978-957-574-813-5（第1冊：平裝） --
ISBN 978-957-574-814-2（第2冊：平裝） --
ISBN 978-957-574-815-9（第3冊：平裝）

1.歷史故事
610.9 99026461

・多寶槅165・文藝抽屜

100個你一定要知道的歷史故事 I

作　　者＝管家琪
繪　　圖＝蔡嘉驊
出 版 者＝幼獅文化事業股份有限公司
發 行 人＝李鍾桂
總 經 理＝王華金
總 編 輯＝林碧琪
美術編輯＝李祥銘
總 公 司＝10045台北市重慶南路1段66-1號3樓
電　　話＝(02)2311-2832
傳　　真＝(02)2311-5368
郵政劃撥＝00033368

印　刷＝崇寶彩藝印刷股份有限公司
定　價＝280元
港　幣＝93元
初　版＝2011.02
十　刷＝2020.04
書　號＝961035

幼獅樂讀網
http://www.youth.com.tw
e-mail:customer@youth.com.tw
幼獅購物網
http://shopping.youth.com.tw

行政院新聞局核准登記證局版台業字第0143號